BERNHARD MOESTL

SIEGEN
wie ein
SHAOLIN

Die acht Wege zu innerer Stärke
und Durchsetzungskraft

Besuchen Sie uns im Internet:
www.knaur.de

© 2018 Knaur Verlag
Ein Imprint der Verlagsgruppe Droemer Knaur GmbH & Co. KG, München
Alle Rechte vorbehalten. Das Werk darf – auch teilweise –
nur mit Genehmigung des Verlags wiedergegeben werden.
Covergestaltung: ZERO Werbeagentur GmbH, München
Cover- und Innenteilabbildungen: FinePic®, München/shutterstock
Satz und Layout: Veronika Preisler, München
Druck und Bindung: CPI books GmbH, Leck
ISBN 978-3-426-21451-0

2 4 5 3 1

Für Herbert Fechter.

Inhalt

Einleitung 11
Wie dieses Buch funktioniert, und wie Sie daraus
den größten Nutzen ziehen

1 Der Weg des Sich-nicht-täuschen-Lassens 19
Lerne, die Wahrheit auch dort zu sehen,
wo sie dir unbequem scheint

2 Der Weg des Augenblicks 45
Lerne, deine gesamte Energie auf den
gegenwärtigen Augenblick zu konzentrieren

3 Der Weg des Sich-Zurücknehmens 63
Lerne, dich von deiner eigenen Kraft
zu befreien

4 Der Weg der Entschleunigung 83
Lerne, dass Schnelligkeit nur zu Energieverlust
und Fehlern führt

5 Der Weg des Sich-enthalten-Könnens 103
Lerne, dass du durch Gier viele Angriffe erst möglich machst

6 Der Weg der Eigenverantwortung 123
Lerne, dass niemand dich einschränken kann außer du selbst

7 Der Weg des aktiven Widerstandes 143
Lerne, dass Nicht-Wollen allein zu keiner Veränderung führt

8 Der Weg des Selbstvertrauens 165
Lerne, dass du anderen als der erscheinst, als der du selbst dich siehst

| Epilog | 185 |
| Danksagung | 187 |

Der Meister
beendet einen Kampf,
bevor er begonnen hat.

(aus Shaolin)

Einleitung

*Erst gilt es, den Sieg
in den eigenen Mauern zu erringen,
dann folgt der Sieg draußen auf
dem Schlachtfeld ganz von selbst. (Lü Bu We)*

Wie dieses Buch funktioniert, und wie Sie daraus den größten Nutzen ziehen

Zuerst einmal herzlich willkommen. Schön, dass Sie da sind. Schön auch, dass Sie sich gemeinsam mit mir mit einem Thema auseinandersetzen wollen, um das immer noch viele Menschen einen großen Bogen machen: die Kunst des kampflosen Sieges.

»Kampf«, so stelle ich nämlich immer wieder mit Erstaunen fest, ist bis heute ein großes Tabu. Spreche ich darüber, so werde ich oft gefragt, wovon ich in dieser friedlichen Zeit eigentlich rede. Ich habe den Eindruck, viele sind der Meinung, die Tatsache des Kampfes zu ignorieren bedeute, ihm aus dem Weg zu gehen.

Wer aber so denkt, handelt wie ein Mensch, den ein Dieb gerade um seine Geldbörse erleichtern möchte. Als ihn aber jemand warnt, meint er nur: »Warum sollte ausgerechnet mich jemand bestehlen wollen?«

Ob wir es wahrhaben wollen oder nicht, die Idee des Kampfes ist tief in uns verankert.

Schon der deutsche Dichter Christian Friedrich Hebbel schrieb: »Wo zwei Menschen sich küssen, da schleichen die anderen vorüber; wo sie sich prügeln, da stehen alle als Chorus herum.«

Ich möchte damit jetzt gar nicht sagen, dass wir Freude am Kampf haben. Wie allgegenwärtig er aber ist, das zeigt ein Blick auf unsere Sprache. Ganz selbstverständlich sprechen auch diejenigen, die die Existenz des Kampfes leugnen, über Konkurrenzkampf, Geschlechterkampf, Preiskampf oder den Kampf um den Arbeitsplatz. Einerseits, und das ist das große Dilemma, könnte unsere Gesellschaft nicht funktionieren ohne das Bedürfnis, einander zu vertrauen und miteinander in Frieden zu leben. Andererseits ist Kampf ein Prinzip der Natur, das sich nicht einfach leugnen lässt.

Im Grunde beginnt das bei der banalen Tatsache, dass manche Tiere gerne andere essen wollen. Da die Beutetiere aber nicht gegessen werden möchten, ist ein Kampf auf Leben und Tod die unweigerliche Folge.

Nun zeichnet uns Menschen vermeintlich gerade die Fähigkeit aus, miteinander in Frieden leben zu können. Jede funktionierende Gemeinschaft hat Regeln, die ein Leben ohne Kämpfe ermöglichen sollen. Doch der schöne Schein trügt. Denn selbst die bestorganisierte Gesellschaft beruht in ihrem tiefsten Innern auf Kampf.

So ist zwar beispielsweise in jedem Land gesetzlich geregelt, wer welche Steuern zu bezahlen hat. Doch gegen jene Beamten, welche die Steuern eintreiben, kämpfen Steuerberater, die versuchen, die Gesetze zum Wohle ihrer Klienten auszulegen.

Blicke ich heute zurück auf meine Zeit in Shaolin, so denke ich in diesem Zusammenhang immer wieder an die folgende Idee: Wir müssen uns die Taktik unserer Gegner zu eigen machen, wenn wir ihre Angriffe erfolgreich abwehren wollen. Sich verteidigen zu können bedeutet, angreifen zu können wie der Feind.

Nun mögen Sie entgegnen, dass Menschen doch viel zu individuell sind, um so etwas pauschal abhandeln zu können. Beobachten Sie aber einfach einmal eine Katze. Dann eine weitere und schließlich eine dritte. Obwohl auch diese Tiere durchaus eigenständige Wesen sind, werden Sie schnell feststellen, dass alles, was wie eine Katze aussieht, sich auch wie eine Katze benimmt. Ebenso sind auch Menschen berechenbar in ihren Begierden, ihren Absichten und in ihrem Verhalten. Eine Wahrheit, die übrigens auch für Sie gilt.

Gerne möchte ich Ihnen auf den folgenden Seiten nun weitergeben, was ich im Laufe der vielen Jahre, die ich auf dem asiatischen Kontinent verbracht habe, über das große Thema des Kampfes und die Kunst des kampflosen Sieges gelernt habe.

Damit Sie aus diesem Wissen aber für sich den größtmöglichen Nutzen ziehen können, bitte ich Sie, ein paar grundlegende Dinge zu beachten. Da wäre die altbekannte Tatsache, dass wir aus allem nur so viel herausholen können, wie wir bereit sind, hineinzustecken. Von nichts kommt nichts. Auch und gerade dort nicht, wo es um den kampflosen Sieg geht. Deshalb habe ich das vorliegende Buch als Arbeitsbuch gestaltet und werde Sie immer wieder zur Mitarbeit auffordern. Gewiss, Sie werden von diesem Buch auch etwas lernen, wenn Sie es einfach nur lesen, allerdings verschenken Sie dadurch einen großen Teil des Potenzials. Der Effekt wäre ähnlich, als würden Sie sich ein Buch zum Thema Nahkampf durchlesen, ohne sich dabei körperlich zu betätigen. Zwar wüssten Sie nachher grundsätzlich eine ganze Menge über das Thema, Ihre praktische Fähigkeit zur Selbstverteidigung würde sich aber kaum verbessern. Um die nötige Selbstreflexion zu unterstützen, legen Sie sich bitte ein kleines Heft zu, das Sie auf Ihrem Weg zum kampflosen Sieg begleiten wird. Sobald Sie dieses Buch durchgearbeitet haben, wird das Heft mehr von Ihnen wissen als manche Ihrer besten Freunde. Schreiben Sie daher groß Ihren Namen darauf, und behandeln Sie es mit entsprechender Sorgfalt und Diskretion. Wenn Sie ab und an durch Ihre Antworten blättern, werden Sie feststellen, wie die Beschäftigung mit dem Thema Ihre Denkweise, aber auch Ihr Handeln verändert hat.

Im Laufe der Kapitel werden Ihnen Fragen begegnen, die Sie unbedingt beantworten sollten, bevor Sie weiterlesen. Nur so kann ich Ihnen spiegeln, wie Sie in einer Situation tatsächlich reagieren oder über eine Sache wirklich denken. Kennen Sie aber den Hintergrund einer Frage, bevor Sie diese beantworten, so wäre das, als erzählte ich Ihnen die Pointe vor dem Witz.

Auch wenn ich Ihnen empfehle, die Fragen schriftlich zu beantworten, ist das natürlich kein Muss. Sie können die Antworten gerne in Ihr Mobiltelefon tippen oder nur im Kopf beantworten. Wirklich wichtig ist mir, dass Sie bei der Beantwortung ehrlich sind. Ich meine damit, dass

Sie jene Antworten geben, die Ihnen spontan in den Kopf kommen, und nicht jene, von denen Sie glauben, dass sie von Ihnen erwartet werden. Außer Ihnen wird niemand erfahren, was Sie geantwortet haben, und vergessen Sie nicht:

> Der einzige Mensch,
> den Sie niemals belügen dürfen,
> sind Sie selbst.

Dann möchte ich Sie noch bitten, beim Lesen offen zu sein. Mir ist völlig klar, dass Sie nicht mit allem übereinstimmen werden, was ich schreibe. Das müssen Sie aber auch gar nicht. Da ich Ihre ganz persönliche Situation nicht kenne, sehe ich es vor allem als meine Aufgabe, Ihnen bewusst zu machen, mit welchen Denkweisen Sie sich zum Opfer machen, und Ihnen zu zeigen, was Sie dagegen tun können.

So Sie bereits eines oder mehrere meiner Bücher gelesen haben, wird Ihnen der eine oder andere Denkansatz vielleicht bekannt vorkommen. Manches habe ich bewusst wiederholt, weil es mir wichtig ist, Ihnen diese Punkte noch einmal in Erinnerung zu rufen. Anderes habe ich neu zusammengefasst, um Ihnen die Grundlagen für meine weiteren Ausführungen ins Gedächtnis zu bringen. Natürlich ist aber alles so angelegt, dass Sie mir folgen können, ohne eines meiner anderen Bücher gelesen zu haben.

Wichtig ist mir, hier vorauszuschicken, dass der Grund, weshalb wir uns mit dem Kampf auseinandersetzen, niemals der Kampf selbst ist. Vielmehr geht es darum, Kampf zu vermeiden und den Sieg zu erringen, bevor der Kampf begonnen hat. Schon vor 2500 Jahren schrieb der chinesische General Sun-Tse: »Wenn du den Feind und dich selbst kennst, brauchst du den Ausgang von hundert Schlachten nicht zu fürchten.«

Acht Wege liegen nun vor uns, die alle auf ein großes Ziel hinsteuern: den kampflosen Sieg. Wege, auf denen Sie Ihren Stärken ebenso begegnen werden wie Ihren Schwächen und Ängsten und den oft verborgenen Taktiken unserer Gegner. Sind Sie bereit? Dann lassen Sie uns gehen.

Suche nicht nach
der Wahrheit,
sondern trenne dich
von deinen Meinungen.

(aus China)

1

Der Weg des Sich-nicht-täuschen-Lassens

Höre mit einem Ohr, sei misstrauisch mit dem anderen. (aus Laos)

Lerne, die Wahrheit auch dort zu sehen, wo sie dir unbequem scheint

Denke ich heute an meine Zeit in Shaolin zurück, so kommt mir vor allem meine erste Begegnung mit der Technik des Zuiquan, der »betrunkenen Faust«, in den Sinn. Es handelt sich hierbei um eine äußerst schwer zu erlernende Kampfform, da sie neben kämpferischem Geschick auch ein gewisses Maß an schauspielerischen Fähigkeiten verlangt. Wie ein Betrunkener, der sich kaum auf den Beinen halten kann, taumelt der nüchterne Kämpfer auf sein Gegenüber zu. Er tritt daneben, watschelt, macht schwankende Schritte und tut alles, um seinen Kontrahenten glauben zu machen, ein leichtes Opfer zu sein. Am Ende fällt er sogar auf den Boden, wo er bäuchlings liegen bleibt. Kommt ihm der ahnungslose Gegner aber zu nahe, muss dieser erkennen, einem folgenreichen Irrtum unterlegen zu sein. Ein rasender Angriff auf die Knie-

und Leistengegend bereitet dem vermeintlich ungleichen Kampf nämlich ein sehr schnelles Ende. Neben der präzisen Choreografie der Bewegungen hat mich an dieser Technik vor allem immer die Idee fasziniert, den Gegner bewusst über die eigene Stärke hinwegzutäuschen.

Eine Technik, die auch General Sun-Tse in seiner legendären »Kunst des Krieges« anhand der folgenden Geschichte beschreibt: Eines Tages, so heißt es dort, wollte Kaiser Liu Bang die Xiongnu, seine größten Gegner, vernichten. Also schickte er Spione aus, um Berichte über die Lage zu bekommen. Doch die Xiongnu wurden gewarnt. Daher verbargen sie sorgfältig ihre starken Männer und die gut gefütterten Pferde und ließen nur kranke Soldaten und abgemagertes Vieh sehen. Als die Spione zurückkehrten, empfahlen sie dem Kaiser einmütig, sofort anzugreifen. Nur ein Berater widersprach ihnen und sagte: »Wenn zwei Länder in den Krieg ziehen, stellen sie für gewöhnlich ihre Stärke betont zur Schau. Doch eure Spione sahen nichts außer Alter und Krankheit. Dies ist gewiss eine List des Feindes, und es wäre unklug, anzugreifen.« Doch der Kaiser verwarf seinen Rat. Er ließ angreifen, ging in die Falle und wurde vernichtend geschlagen.

Mit dieser Geschichte wollten die Meister von Shaolin ihren Schülern ein grundlegendes Prinzip des Kampfes vor Augen führen:

> Gekonnte Täuschung hilft dem Angreifer, einen einfachen Sieg zu erringen.

Nun würde ich Ihnen zwar im Normalfall davon abraten, sich aktiv dieser durchaus unfairen Technik zu bedienen. Andererseits hilft das Verständnis ihrer Funktionsweise, um aus vielen Situationen als kampfloser Sieger hervorgehen.

Schließlich ist die Idee, den Gegner zum eigenen Vorteil hinters Licht zu führen, so alt wie die Natur selbst. Beutetiere passen sich ihrer Umgebung an, um von ihren Jägern nicht gesehen zu werden. Vermeintliche Äste verwandeln sich plötzlich in gefräßige Heuschrecken, wenn die passende Beute vorbeikommt, und farbenfrohe Korallen tragen ein tödliches Gift in sich.

Doch nicht nur das Repertoire der Natur scheint bei diesem Thema unerschöpflich.

Auch die Menschen wussten die Technik schon lange für sich zu nutzen.

So machte der legendäre Schwertkämpfer Miyamoto Musashi, der im Alter von neunundzwanzig Jahren alle infrage kommenden Gegner besiegt hatte, wo immer möglich, von ihr Gebrauch.

Als Musashi in einem Duell einen Fürsten getötet hatte, wurde er kurz darauf von dessen dreizehnjährigem Sohn zum Duell gefordert. Der Samurai machte sich bereits lange vor der verabredeten Zeit zum Treffpunkt auf den Weg und wartete in einem Versteck auf das Eintreffen seines Kontrahenten. Der Knabe, der selbst fest entschlossen war, seinen Gegner zu töten, kam begleitet von einer Gruppe gut bewaffneter Gefolgsleute zu dem Ort. Doch Musashi verharrte weiter im Schatten verborgen. Erst als seine Gegner bereits glaubten, er habe sich längst aus dem Staub gemacht, tauchte er plötzlich mitten unter ihnen auf und schlug den Jungen nieder. Dann zog er beide Schwerter, bahnte sich einen Weg durch das Gefolge und entfloh.

> Täuschung lässt den Gegner etwas sehen, das nicht ist, und bewegt ihn zu einer Handlung, die dem Angreifer nützt.

Lassen Sie mich dieses Prinzip am Beispiel einer Mausefalle illustrieren. Bei dieser gaukelt der Angreifer seinem Opfer vor, ihm ein Stück Speck schenken zu wollen, um es über den tatsächlichen Plan hinwegzutäuschen, der den Tod des Tieres vorsieht. Sobald dieses nun das vermeintliche Geschenk abholen möchte, schnellt ein Bügel herunter und bricht ihm das Genick. Ein einfacher und effizienter Vorgang.

Stellen wir uns umgekehrt einmal vor, der Angreifer wollte auf die Hilfe der Täuschung verzichten. Wie unvergleichbar groß wäre der Aufwand, die Maus dazu zu bringen, sich dem tödlichen Mechanismus auszusetzen? So bezahlt die getäuschte Kreatur ihre Unfähigkeit, die wahre Absicht ihres Gegners zu erkennen, mit dem Leben. Für uns Menschen bedeutet das:

> Erscheint uns etwas zu verlockend, sollten wir genau hinschauen, ob uns jemand täuschen will.

Nun geht es bei jenen Kämpfen, die Sie in Ihrem Umfeld austragen, natürlich nicht um Leben und Tod. Doch auch wenn das Beispiel mit der Maus etwas drastisch erscheint, ist die Existenz der Täuschung dennoch eine Tatsache, und dieses Beispiel zeigt eindrucksvoll, wie weit ein Angreifer damit kommen kann.

Ein Gegner kann uns nämlich leicht bezüglich seiner wahren Absicht irreführen, indem er uns vorgeblich einen Vorteil bietet.

> Menschen sehen gerne nur einen vermeintlichen Nutzen und blenden Nachteile geflissentlich aus.

Angewendet wird diese Technik besonders häufig dort, wo es um unser Sicherheitsbedürfnis geht. Dieses ist naturgemäß dann besonders groß, wenn wir ohnehin ein mulmiges Gefühl haben, wie zum Beispiel beim Fliegen.

Dieser Umstand kommt wiederum Betreibern von Flughafenshops in großem Ausmaß zugute. Heute ist es nämlich fast überall auf der Welt verboten, Flüssigkeiten gleich welcher Art durch die Sicherheitskontrolle zu bringen. Das fiele wohl kaum jemandem auf, könnten die Passagiere nicht wenige Meter nach der Kontrolle die ihnen abgenommenen Flüssigprodukte zu einem deutlich höheren Preis problemlos erneut erwerben.

Würde man jetzt den Reisenden ohne Begründung verbieten, ihre versiegelte Wasserflasche durch den Sicherheitscheck zu bringen, gäbe es zweifellos regelmäßig Aufstände. Warum sollte jemand etwas wegwerfen, das er gerade im Supermarkt erworben hat, nur um es nachher zum dreifachen Preis noch einmal zu kaufen? Weil diese Vorgehensweise, so die einfache Antwort, die persönliche Sicherheit vergrößert. Schließlich könnte jede von außen hereingebrachte Flüssigkeit, die sich in einem Behältnis mit mehr als einhundert Millilitern Fassungsvermögen befindet, einen gefährlichen Sprengstoff enthalten.

Bis hierher scheint nun alles logisch. Wie aber, so muss man sich fragen, gelangen jene Flüssigkeiten dorthin, die nach dem Security-Check viel teurer verkauft werden? Wird jedes einzelne Mineralwasser unterwegs einer umfassenden chemischen Analyse unterzogen?

Ein Sicherheitsmitarbeiter erzählte mir einmal, dass die dort verkauften Produkte den genau gleichen Kontrollen standhalten müssen wie auch das Handgepäck der Passagiere. Warum diese aber ihre Getränke nicht einfach selbst durch die Kontrolle bringen dürfen, konnte auch er mir nicht sagen.

Notieren Sie bitte in Ihr Heft die letzten drei Gelegenheiten, bei denen Sie sich von der Aussicht auf einen vermeintlichen Vorteil haben täuschen lassen.

> Täuschung ist oft schwer
> zu erkennen, weil sie
> so viele verschiedene Gesichter hat.

So kannten schon die alten Chinesen eine Strategie, die sie »Im Osten lärmen und im Westen angreifen« nannten. Mit dieser Taktik konnte ein Angreifer die feindlichen Kräfte gezielt an einer falschen Stelle binden, da der Gegner den Angriff woanders vermutete, als er tatsächlich erfolgte.

Diese Technik wurde lange Zeit erfolgreich von Einbrechern angewendet, die ein gutes Stück vom geplanten Tatort entfernt ein großes Feuer legten. Sobald alle verfügbaren Polizeiwagen am Brandort waren, konnten sie völlig ungestört ihren kriminellen Machenschaften nachgehen.

Heute findet diese Angriffsmethode vor allem dort Anwendung, wo mithilfe der Täuschung die öffentliche – und damit übrigens auch Ihre ganz persönliche – Meinung in eine bestimmte Richtung beeinflusst werden soll. Diese Methode, die zu den mächtigsten Angriffstechniken überhaupt gehört, ist so effektiv, dass die meisten Menschen die Manipulation nicht einmal bemerken.

Damit Sie klarer verstehen, worauf ich hinausmöchte, *beantworten Sie bitte einmal die folgende Frage:* Nach welchen Kriterien wählen News-Redakteure Ihrer Meinung nach aus den Millionen zur Verfügung stehenden Nachrichten ausgerechnet jene aus, die Ihnen als Leser am Ende präsentiert wird? *Schreiben Sie bitte fünf mögliche Kriterien in Ihr Heft.*

Möglicherweise haben Sie jetzt Begriffe notiert wie: öffentliches Interesse, Nachrichtenwert oder sonst etwas in dieser Richtung, und vielleicht haben Sie damit sogar recht. Tatsächlich gemeinsam ist den meisten Nachrichten, die es in Zeitungen oder Nachrichtensendungen schaffen, aber, dass sie auf Ihre Emotionen abzielen. Das ist jetzt nicht unbedingt per se etwas Schlechtes. Der Leser wird interessierter weiterlesen, wenn man seine Gefühle anspricht.

Warum aber werden Täter heute sortiert und als Inländer oder Ausländer bezeichnet? Genau genommen macht es für Sie doch keinerlei Unterschied, ob Sie die Herkunft eines Verbrechers kennen, zumal Sie weder persönlich davon betroffen sind noch den Täter kennen. Ganz genau genommen ist es nicht einmal wichtig, dass Sie überhaupt von dem Verbrechen erfahren. Dennoch trifft der hier erfolgte Angriff ins Schwarze, weil Sie dadurch mit berechenbarer Wahrscheinlichkeit Ärger gegenüber einer bestimmten Personengruppe aufbauen. In diesem Moment hat der Gegner ein Ziel erreicht: Er hat Sie mit einer völlig nutzlosen Information von einer wichtigen abgelenkt. Ob die Reichen immer reicher werden, Steuerbetrüger Geld am Fiskus vorbeischleusen oder Sozialhilfeempfänger und Flüchtlinge vermeintlich das Sozialsystem ausnutzen: Am Ende haben wir auf jene Missstände, die uns hier gezielt ins Bewusstsein gebracht werden, keinerlei Einfluss. Dennoch regen sie uns wie gewünscht auf und erfüllen damit ihren Zweck:

> Jede auf unsere Emotionen abzielende Nachricht lenkt uns von etwas ab, das wir nicht sehen sollen.

Beliebt ist die Technik auch dort, wo dem Volk unliebsame oder umstrittene Gesetze untergejubelt werden sollen. Sind die Verantwortlichen halbwegs geschickt, so warten sie vor der Veröffentlichung des neuen Gesetzes einen möglichst aufsehenerregenden Skandal ab. Weder muss dieser übrigens im eigenen Land passiert sein, noch muss er die Bevölkerung überhaupt betreffen. Hauptsache, die Presse berichtet, und das Volk diskutiert. Dann nämlich geht die ungeliebte Neuerung in der allgemeinen Aufregung unter, und man kann nachher sagen: »Warum habt ihr denn damals nicht geäußert, dass es euch nicht passt? Jetzt ist es leider zu spät.«

Konkret erinnere ich mich in diesem Zusammenhang an ein Posting im Forum eines staatlichen Nachrichtenportals. In eine sehr emotional geführte Debatte rund um das Thema Homosexuellen-Ehe, schrieb jemand: »Ich verstehe, dass das für einige eine wichtige Frage ist, aber manchmal denke ich, dass man damit die Diskussion über viel wesentlichere Dinge verhindern will.« Das darauffolgende Schweigen ließ erahnen, wie viele der Diskussionsteilnehmer sich ertappt gefühlt hatten.

> Generell wird Täuschung überall dort eingesetzt, wo es um Macht, Geld oder Einfluss geht.

So auch in der Lebensmittelindustrie. Als Verbraucherschützer vor einigen Jahren darauf aufmerksam machten, dass bei vielen Getränken die beigesetzte Zuckermenge gesundheitsschädlich ist, ahnten die Hersteller, dass es bald unangenehmen Gegenwind geben könnte. Was nämlich, wenn sich die anfangs kleine »Anti-Zucker-Kampagne« zu einer größeren Bewegung entwickeln würde? Dann wären ernste Umsatzeinbußen zu erwarten. Also musste

Abhilfe her, doch die war gar kein so einfaches Unterfangen. Weniger Süße zuzusetzen kam nicht infrage. Schließlich war der süße Geschmack verantwortlich dafür, dass die Konsumenten von den Getränken abhängig wurden und vermehrt diese Produkte kauften. Allerdings konnte man den Zuckeranteil auch nicht unverändert lassen, da die Kunden das ja nicht mehr akzeptierten. Es blieb also nur das Mittel der Täuschung. Zum Glück für die Industrie wehrten sich die Käufer nicht gegen die Tatsache, dass die Getränke süß schmeckten. Stein des Anstoßes war alleine ein bestimmter Inhaltsstoff. Also ließen die Verantwortlichen riesengroß auf jede Flasche schreiben, dass der Inhalt ab sofort komplett zuckerfrei sei. Und sagten damit sogar die Wahrheit. Die Täuschung bestand nämlich darin, dass die erfreuten Kunden übersahen, dass der natürliche Zucker durch süßende Chemikalien ersetzt worden war, die teilweise sogar noch gesundheitsschädlicher waren als der ursprünglich beigesetzte Zucker.

> Ein kluger Angreifer hat viele Möglichkeiten, seinen Gegner zu täuschen.

So ist die im Folgenden vorgestellte Technik vor allem deshalb so effizient, weil sie schwierig zu durchschauen ist. Sie beruht im Kern darauf, eine fix geplante, unangenehme Veränderung zuerst als angebliches Gerücht zu lancieren. So kann man einmal in aller Ruhe testen, wie das Umfeld reagiert, ohne sich dabei angreifbar zu machen. Gerät die Sache nämlich außer Kontrolle, kann man jederzeit darauf hinweisen, dass das Gerücht jeden Wahrheitsgehalt entbehrt. Gleichzeitig legt sich die Aufregung, je länger über ein Thema diskutiert wird, und irgendwann wird das vermeintliche Gerücht zu einem akzeptierten Faktum, gegen das jeder Widerstand zwecklos ist. Wenn der Angreifer nun damit herausrückt, dass die Wahrheit noch schlimmer ist als das Gerücht, kann er dennoch davon ausgehen, dass die Menschen sie widerstandslos akzeptieren.

Wenn Sie nur lange genug darüber sprechen können, gewöhnen Menschen sich an alles. Selbst an Veränderungen, die zu ihrem Nachteil sind.

In der Praxis sieht das dann so aus, dass ein großer Konzern ein neues Mobiltelefon auf den Markt bringen möchte. Den Preis des neuen Gerätes möchte er dabei beim Doppelten dessen ansetzen, was die Spitzengeräte bisher gekostet haben. Auch wenn so eine Preiserhöhung unverfroren erscheint, ist sie deshalb lange noch nicht unmöglich. Das Gelingen erfordert einzig etwas Planung. Zusätzlich müssen die Konzernverantwortlichen wissen, dass wir kein absolutes Preisgefühl, sondern nur ein relatives Preisempfinden haben, was uns wiederum sehr anfällig für eine gewisse Art der Täuschung macht.

Stellen Sie sich zur Illustration des gerade Geschriebenen bitte vor, ich wollte Ihnen einen Ring aus einem völlig neuartigen Material verkaufen. Da dieses meiner eigenen Aussage nach sehr wertvoll ist, verlange ich als Gegenleistung für das Schmuckstück ein Jahresgehalt. Empfinden Sie mein Angebot als billig oder teuer? *Schreiben Sie die Antwort bitte in Ihr Heft.* Nehmen wir nun an, ich erzähle Ihnen, Ihr Nachbar hätte für den gleichen Ring zwei Jahresgehälter bezahlt. Beeinflusst diese Information Ihr Preisempfinden? *Notieren Sie es bitte darunter.* Und wie sieht es aus, wenn Sie erfahren, dass der Nachbar nur einen halben Jahreslohn bezahlt hat? *Schreiben Sie auch das auf.*

Kehren wir zurück zu unserem Mobiltelefon-Konzern. Dieser muss nun dafür sorgen, dass Ihnen der neue Preis nicht derart übertrieben scheint, dass Sie sich erbost von der Marke abwenden. Also lanciert er über die Presse das Gerücht, der Preis für das neue Gerät werde wohl höher sein als ein durchschnittlicher Monatsverdienst. Da selbst die teuersten Telefone bis zu diesem Zeitpunkt höchstens die Hälfte gekostet haben, beginnen nun die erwarteten Diskussionen. Wer um alles in der Welt sei denn bereit, Betrag X für ein Telefon auszugeben? Je hitziger der Diskurs aber geführt wird, desto mehr brennt sich der neue Preis als Richtwert in die Köpfe der potenziellen Käufer ein. Nach einiger Zeit flaut die Diskussion langsam ab; und der Hersteller kann mit der Wahrheit herausrücken: Der geforderte Betrag wird den per Gerücht verbreiteten nochmals um vierzig Prozent übersteigen. Da aber der ursprüngliche Preis für Mobiltelefone in den Köpfen der potenziellen Käufer bereits durch den gerüchteweise verbreiteten überschrieben wurde, beträgt die wahrgenommene Preissteigerung nicht mehr hundertvierzig, sondern eben nur noch vierzig Prozent. Selbstverständlich funktioniert diese Technik nicht nur beim Preis von Telefonen. Wir Menschen sind solche Gewohnheitstiere, dass diese Täuschungsmethode beim Thema Überwachungsstaat genauso funktioniert wie bei der immer wieder dementierten Frage der Abschaffung von Bargeld.

Nicht immer bedarf es aber überhaupt eines Gegners, damit wir getäuscht werden.

> Wir selbst sind die größten Spezialisten, wenn es darum geht, uns zu täuschen.

Ein geschickter Angreifer, der um diesen Umstand weiß, muss nur unsere eigene Kraft gegen uns verwenden.

So erzählt man sich in Shaolin von einem jungen Mönch, der eines Tages in seinem Zimmer eine kleine, vorwitzige Ratte hatte. Da er das Tier unbedingt loswerden wollte, beschloss er, sich eine Katze zuzulegen. Doch obwohl die Katze, die er bald darauf in den Tempel brachte, mutig und eifrig auf die Jagd ging, war die kleine Ratte schneller. Da nahm der Mönch eine andere Katze zu sich, die noch flinker und schlauer war als die erste. Doch auch sie konnte der Ratte nichts anhaben, denn diese nahm sich in Acht und verließ ihr Versteck nur dann, wenn die Katze schlief. Etwas ratlos, beschloss der junge Mönch, das Angebot seines Meisters anzunehmen, die alte Katze des Tempels auszuleihen. Dabei schien diese Katze auf den ersten Blick nicht ungewöhnlich. Weder machte sie einen starken noch einen besonders intelligenten Eindruck. Ganz im Gegenteil, sie schlief den ganzen Tag und nahm keinerlei Notiz von ihrer Umgebung. Anfangs beäugte die kleine Ratte die neue Situation, aber bald fasste sie Mut und verließ ihr sicheres Versteck. Doch nichts geschah. Die Katze schien die Ratte nicht einmal zu bemerken. Sogar, als das kleine

Ding frech vor ihrer Nase hin und her tanzte, rührte sich die Katze nicht.

Der Mönch war enttäuscht und wollte die Katze schon zurückbringen. Doch eines Tages, als die Ratte wieder ihre Späße vor der Katze machte, öffnete diese ein Auge und streckte die Ratte mit einem einzigen Hieb nieder.

Unsere Bereitschaft, unangenehme Wahrheiten einfach zu verdrängen, ist ein erstaunlich effizienter, aber häufig übersehener Angriffspunkt.

> Besonders angreifbar machen uns unsere Bequemlichkeit und der aus ihr resultierende Unwille, etwas zu ändern.

Da hierbei nicht einmal ein Angreifer die Wahrheit verschleiert, sondern das Opfer es selbst tut, hat dieses auch keinerlei Möglichkeit, den Angriff zu erkennen oder gar abzuwehren.

Sie können sich das vorstellen, als hätte man Ihnen seit Ihrer Kindheit eingeredet, die Gegend, in der Sie wohnen, gehöre zu den friedlichsten und sichersten der Welt. Wenn Sie nun sehen, dass jemand in Ihr Haus einbricht, obwohl das in dieser Gegend überhaupt nicht vorkommen kann, wie reagieren Sie? Alarmieren Sie tatsächlich umgehend die Polizei, oder schauen Sie weg, weil Sie sich den Einbruch gewiss nur einbilden? *Notieren Sie die Antwort bitte in Ihr Heft.*

Die Frage, ob ein Angriff durch Täuschung gelingt, hängt aber auch davon ab, wie wir zu der Person stehen, die in den Verdacht gerät, uns Böses zu wollen. Anders gesagt: Unsere innere Einstellung dem Angreifer gegenüber entscheidet, ob eine Attacke Erfolg hat.

Wenn der Kellner Ihnen beim Bezahlen zu wenig Geld herausgibt und Sie bemerken es, wie reagieren Sie? Ich behaupte, das kommt darauf an. Ist Ihnen der Mann sympathisch, werden Sie lachend erkennen, dass der Gute einfach überarbeitet ist. Empfinden Sie ihn aber als unangenehmen Zeitgenossen, werden Sie sein Verhalten zornig als Betrug ansehen. Sie gehen also weder grundsätzlich davon aus, dass jemand Sie mit einem Verhalten schädigen will, noch meinen Sie, dass Ihr Gegenüber sich schlicht geirrt hat.

Wovon aber hängt nun Ihrer Einschätzung nach die damit verbundene Reaktion tatsächlich ab? Wann unterstellen Sie Übermüdung und wann glauben Sie an Vorsatz? *Notieren Sie bitte beides in Ihr Heft.*

> Generell verurteilen wir nicht gerne Menschen, die uns freundlich behandeln oder eine Erklärung für ihr Tun liefern.

Das hat wohl damit zu tun, dass wir uns dadurch unbewusst in der Schuld unseres Gegenübers fühlen. Folglich wird ein geschickter Gegner immer achtgeben, dass der vorgeschickte Angreifer ein freundliches Gesicht hat. Das kann der fesche Spitzenpolitiker sein, der lächelnde Chef eines Weltkonzerns oder die auffallend hübsche Pressesprecherin. Wirkt jemand sympathisch, erheben wir ihn gern über jeden Verdacht, weil wir ihm gefallen wollen.

Tut ein solch sympathischer Mensch nun aber etwas, das wir eigentlich als Unrecht empfinden, so beginnen wir umgehend, das Verhalten unseres Gegenübers zu relativieren. Wir reden uns ein, die Sache sei doch gar nicht so schlimm, wie sie vielleicht wirke, oder der andere handle »einfach zu unserem Besten«. Schon können wir anlassloser Vorratsdatenspeicherung, illegaler Datenweitergabe und Überwachungsstaat etwas abgewinnen.

Nun sind freundliche Gesichter natürlich nicht das Einzige, was uns den Blick auf die Wahrheit verstellt. Vielmehr liegt unsere Unfähigkeit, die Wahrheit zu erkennen, in einer fatalen Fehlleistung des Gehirns begründet, auf die ich schon mehrfach hingewiesen habe: Wir vergessen die Quelle einer Information schneller als die Information selbst. Das heißt, wir erinnern uns lange daran, eine Sache irgendwo gehört zu haben, vergessen aber gleichzeitig sehr schnell, wo oder von wem.

> Ohne Kenntnis der Quelle ist es unmöglich, die Seriosität einer Nachricht zu beurteilen.

Daher gelten uns meist schon nach kurzer Zeit die Meldung einer großen Nachrichtenagentur und ein Gerücht aus der Klatschpresse als gleichwertige Fakten. Schließlich haben wir beides »irgendwo gelesen«.

Dieser natürliche Verdrängungseffekt lässt sich durchaus noch bewusst steigern. Ein effizient vorgehender Gegner wird das, was wir glauben sollen, so oft wie möglich hervorheben, während er alles, was uns vom gewünschten Weg abbringen könnte, unter den Tisch fallen lässt.

Schön zu sehen ist die Anwendung dieser Technik bei der Diskriminierung von »Whistleblowern«. Hier werden Menschen, die kriminelle Handlungen anderer in die Öffentlichkeit bringen, plötzlich selbst als kriminell oder geisteskrank abgestempelt, damit ihre Glaubwürdigkeit zerstört wird. Von einer Minute auf die andere wird dann jemand, der gerade einen haarsträubenden Missstand aufgedeckt hat, vom gefeierten Helden zum gefährlichen Täter. Sei es, weil er die nationale Sicherheit gefährdet, indem er Gräueltaten des Militärs aufdeckt; sei es, weil er angeblich Terroristen unterstützt, indem er gegen die totale Überwachung ist; oder sei es, weil er bösartig Arbeitsplätze in Gefahr bringt, indem er die Einhaltung von Umweltstandards einfordert. Anfangs wehren sich die meisten Menschen noch gegen diese Vereinnahmung, da ihnen bekannt ist, dass hier absichtlich falsche Informationen verbreitet werden. Sobald aber dieses Wissen nach einiger Zeit verblasst, bleibt nur noch der Eindruck, es mit einem bösen Verräter zu tun zu haben. Selbst unumstößliche Fakten werden durch gezielte Falschinformation sehr leicht aus den Köpfen der Menschen verdrängt.

In der Praxis ist die Anwendung dieser Technik weiter verbreitet, als Sie jetzt wahrscheinlich annehmen. Vor allem in Diskussionforen im Internet, in denen politisch heikle Themen diskutiert werden, ziehen häufig bezahlte

Diskutanten unerwünschte Meinungen durch aggressive, beleidigende Kommentare ins Lächerliche. Wehrt sich der Verfasser eines kritischen Diskussionsbeitrages gegen diese Verunglimpfung, wird ihm häufig völlig ohne Zusammenhang unterstellt, Diktatoren oder verbotenes Gedankengut zu unterstützen. So offensichtlich diese Angriffe auch scheinen mögen: Am Ende bleibt der Eindruck, dass die angegriffene Meinung falsch war. Warum sonst hätte jemand sie so hart kritisieren sollen?

Nehmen Sie bitte Ihr Heft zur Hand, und schreiben Sie drei Dinge auf, bei denen die Wahrheit so kastriert wurde, dass in der öffentlichen Meinung das Gegenteil übrig geblieben ist.

Was ist Ihre persönliche Meinung zu diesen Fällen? *Notieren Sie es jeweils daneben.*

Das wirklich Gefährliche an Selbsttäuschung ist aber, dass sie unserem Gegner fast uneingeschränkte Macht über uns verleiht. Wie weit so etwas tatsächlich gehen kann, wurde mir kurz nach dem Fall der Berliner Mauer klar. Damals besuchte ich die ehemalige Zentrale des Ministeriums für Staatssicherheit, die mittlerweile in ein Museum verwandelt worden war. Als ich mit einer älteren Dame ins Gespräch kam, bat ich sie, mir eine recht persönliche Frage zu beantworten: »Hätte Ihnen jemand, zwei Stunden bevor die DDR-Regierung die Grenze zum Westen mit einer Mauer versperrt hat, gesagt: ›Sieh zu, dass du wegkommst, sonst bist du die nächsten dreißig Jahre eingesperrt!‹, wie hätten Sie reagiert?«

Bis heute sehe ich vor mir, wie die Dame den Kopf schüttelt und bedächtig sagt: »Ich hätte es nicht geglaubt.

Aber warum hätte es auch so sein sollen?« Eine Reaktion, die ich in den darauffolgenden Jahren noch viele Male auf eine sehr ähnliche Art bekommen sollte. Nicht einmal im Nachhinein hat ein einziger der Befragten gemeint, er hätte seine Sachen gepackt und schnellstmöglich das Land verlassen. Was nicht sein darf, so galt damals wie heute, das kann auch nicht sein. Besonders erstaunlich erscheint mir in diesem Zusammenhang die Tatsache, dass die Aktion der Staatsführung viel absehbarer war, als heute oft angenommen wird. Bereits kurz zuvor wurde der Parteivorsitzende Walter Ulbricht bei der Pressekonferenz von einem westlichen Journalisten auf Gerüchte angesprochen, die DDR wolle ihre Grenzen schließen, um die Bürger an der Ausreise zu hindern. Ulbrichts Antwort ist heute Legende. Gar nicht nach einem Mauerbau gefragt, hob er verärgert die Stimme und sagte: »Niemand hat vor, eine Mauer zu bauen.« Ein warnender Versprecher, dessen wahre Bedeutung sich vielen erst heute erschließt.

Gut, werden Sie jetzt vielleicht sagen, das ist doch lange her, und heute ist doch alles ganz anders. Was aber, wenn ich Ihnen nun erzählte, ich hätte aus verlässlicher Quelle erfahren, die Grenzen würden heute um Mitternacht wieder einmal dicht gemacht und Sie hätten die nächsten Jahre keine Möglichkeit mehr, das Land zu verlassen? Was täten Sie in so einem Fall? *Schreiben Sie die Antwort bitte in Ihr Heft,* und notieren Sie darunter, warum Sie auf diese Art reagieren.

Vielleicht argumentieren Sie nun, dass die Situation damals doch eine ganz andere gewesen sei. Es gäbe Tausende Gründe, warum das, was sich vor fast sechzig Jahren ereignet hat, heute so überhaupt nicht mehr möglich wäre. Nicht nur, dass wir inzwischen viel klüger sind, gäbe es doch bei all dem technischen Fortschritt der letzten Jahre gar keine Möglichkeit mehr, eine derartige Aktion geheim zu halten! Was nebenbei bemerkt ein gefährlicher Trugschluss ist. Denn ein Angreifer, der auf die Technik der Selbsttäuschung setzt, braucht nichts zu verschleiern. Das tut sein Opfer für ihn.

Nehmen wir einfach an, Walter Ulbricht hätte sein Vorhaben im Laufe des Interviews nicht geleugnet, sondern dem Journalisten geantwortet: »Natürlich werden wir unser Volk einsperren! Und zwar gleich ab morgen früh!« Wie hätten die Menschen darauf wohl reagiert? *Schreiben Sie es bitte auf.*

Wahrscheinlich hätte die Boulevardpresse umgehend die Frage gestellt, ob der Staatschef nun vollständig irre sei, und ihm den Rücktritt nahegelegt. Das Volk wiederum hätte die bequeme Interpretation dankbar angenommen und sich anderen Dingen zugewendet.

Der wahre Grund, weshalb die Technik der Täuschung wieder und wieder funktioniert, liegt aber allein in uns selbst.

> Wir Menschen gehen davon aus, dass alle anderen die gleichen Wertmaßstäbe haben wie wir.

Käme uns eine Handlung selbst nie in den Sinn, wollen wir unbedingt glauben, dass es auch kein anderer tut. Doch so verlockend diese Vorstellung auch sein mag, so falsch ist sie. Wäre sie nämlich richtig, müssten sich ausnahmslos alle Menschen an Regeln und Gesetze halten. Schon deshalb, weil Sie es tun.

Lassen Sie es mich in aller Deutlichkeit sagen: Die größte Schwierigkeit bei einem kampflosen Sieg liegt darin, zu akzeptieren, dass manche Menschen böser sind, als wir es uns vorstellen wollen. Daher dürfen wir uns auch niemals so weit einlullen lassen, dass wir darauf verzichten, uns auch dort eine eigene Meinung zu bilden, wo diese angeblich der allgemeingültigen Ansicht widerspricht. Behalten Sie immer die Möglichkeit im Hinterkopf, dass ein Gegner die Wahrheit bewusst vor Ihnen verschleiern oder verstecken möchte, um Sie zu einer Handlung zu verleiten, die allein ihm einen Nutzen bringt. Sich nicht täuschen lassen bedeutet: Hören Sie mit einem Ohr, und bleiben Sie misstrauisch mit dem anderen.

Übungen

Wo liegt der Unterschied zwischen einer Zeitungsente und erfundenen Nachrichten?

_____

_____

_____

_____

Glauben Sie eher einer renommierten Tageszeitung oder einem unbekannten Blogger? Warum?

_____

_____

_____

_____

Wem geben Sie freiwillig Zugriff auf Ihre persönlichen Daten?

_____

_____

_____

_____

_____

Warum muss man bei Kundenkarten Name und Wohnadresse angeben?

_____

_____

_____

_____

Kann ein Gesetz die missbräuchliche Verwendung von Daten ausschließen oder rückgängig machen?

_____

_____

_____

_____

Was ist eine »vorherrschende Rechtsmeinung«?

_____

_____

_____

_____

_____

Über Sieg
 oder Niederlage
entscheidet
 ein Augenblick.

(aus Shaolin)

2
Der Weg des Augenblicks

Einst war die Vergangenheit die Zukunft.
(aus Asien)

Lerne, deine gesamte Energie auf den gegenwärtigen Augenblick zu konzentrieren

In einem Buch über die Kampfkunst von Shaolin heißt es, dass ein guter Kämpfer seinen Gegner immer als eine willkommene Ergänzung des eigenen Ichs wahrnimmt. Er stimmt sich dadurch auf die Handlungen seines Gegenübers ein und versucht, möglichst jeden Fehler seines Gegners auszunutzen und dessen verwundbare Punkte festzustellen, ähnlich Wasser, das jede Höhlung eines Steines füllt. Während des gesamten Zweikampfes darf den Kämpfer nie der Zustand der völligen Konzentration verlassen, auch wenn die Anspannung der Schläge und Blöcke ständig mit Entspannung abwechselt. In jedem Augenblick muss die psychische Einstellung des Kämpfers auf den Sieg gerichtet sein, weil manchmal allein der Austausch von Blicken über den Ausgang eines Kampfes entscheiden kann. Derjenige, in dessen Augen Zaghaftigkeit und Unentschlossenheit aufblitzen, ist von vornherein zur Niederlage verurteilt.

> Ein guter Kämpfer befindet sich mit Körper und Geist immer dort, wo der Kampf stattfindet: im Hier und Jetzt.

Diese Fähigkeit mussten aber selbst die legendären Kampfmönche immer wieder trainieren.

So erzählt man sich in Shaolin, dass ein Meister einen Schüler hatte, der selbst längst zum Meister geworden war. Er hatte die Erleuchtung erfahren und war im höchsten Bewusstsein. Doch er konnte dieses Bewusstsein noch nicht ständig halten. Also fragte er seinen Meister: »Wie kann ich diesen letzten Schritt tun?« Der Meister antwortete: »Ich kenne einen König in einem entfernten Land, der ist ständig im höchsten Bewusstsein. Frage ihn, ob er dir sein Geheimnis verrät.« Der Schüler machte sich auf den langen Weg. Als er endlich sein Ziel erreicht hatte, trat er vor den König, grüßte diesen von seinem Meister und fragte ihn, ob er ihm das Geheimnis verraten wolle, wie man ständig im höchsten Bewusstsein bleibt. Der König sagte: »Ich will dir mein Geheimnis gern verraten, aber zuvor musst du eine Prüfung ablegen. Ich möchte nämlich sicher sein, dass du auch würdig bist. Doch die Prüfung ist gefährlich und kann dich dein Leben kosten.« Der Schüler erwiderte: »Ich habe alles im Leben erreicht, aber es bedeutet mir nichts ohne diesen letzten Schritt. Auch wenn es mein Leben kostet, bin ich bereit.« Der König erklärte ihm, worin die Prüfung bestand. »Du gehst vor den Palast und bekommst eine Schüssel randvoll mit Wasser. Diese musst du einmal um den Palast tragen. Aber hinter dir geht mein Scharfrichter mit gezogenem Schwert. Wenn du nur einen einzigen Tropfen verschüttest, schlägt er dir den Kopf ab.« Der Schüler war einverstanden. Er ging vor den Palast, bekam eine Schüssel randvoll mit Wasser und trug sie in höchster Konzentration um den Palast – Schritt für Schritt. Hinter sich hörte er die Schritte des königlichen Scharfrichters und wusste, wenn er auch nur einen einzigen Tropfen verschüttete, wäre sein Leben beendet. Im Zustand höchster Konzentration schaffte er es, die Schüssel einmal um den ganzen Palast zu tragen, ohne dabei einen Tropfen zu verschütten. Erleichtert ging er zum König und sagte: »Du siehst, ich lebe noch. Ich habe die Prüfung also bestanden. Bist du nun bereit, mir dein Geheimnis zu verraten?« Der König nickte und sagte: »Ich bin bereit. Aber du kennst das Geheimnis bereits. Ich mache es genau so wie du eben, nur ständig!«

Nehmen wir nun einmal an, der Meister hätte seinen Schüler nicht zu diesem König geschickt. Vielmehr hätte er ihn einfach gefragt, ob er auch wirklich im Augenblick lebe. Was hätte der Schüler wohl geantwortet? Vermutlich wäre er überzeugt gewesen, genau das zu tun, und hätte es als Ursache für sein Problem ausgeschlossen. Und doch war es nicht so. Wäre die Prüfung nämlich exakt die gleiche gewesen, mit dem einzigen Unterschied, dass kein Scharfrichter hinter dem Mönch gegangen wäre, hätte sie wohl zu demselben Ergebnis geführt? *Schreiben Sie Ihre Antwort bitte in Ihr Heft.*

Wie auch der Schüler in der Geschichte sind die meisten Menschen der Meinung, einen Großteil ihrer Zeit im Hier und Jetzt zu verbringen. Wahrscheinlich gehören auch Sie dazu. Aber versetzen Sie sich doch einmal in die Situation des Prüflings. Ihre Aufgabe ist es, mit einer Schüssel Wasser rund um einen Palast zu gehen und nach Möglichkeit dabei nichts zu verschütten. Wenn Sie bei dieser Prüfung allein sind, woran denken Sie während des Gehens? Konzentrieren Sie sich wirklich auf die Schüssel und den Moment? Oder denken Sie vielmehr an das Abendessen, den Jahresabschluss oder den nächsten Urlaub? *Notieren Sie auch das.*

Bevor wir uns jetzt darüber unterhalten, wie ein Leben im Augenblick vielleicht gelingen kann, stellt sich zuerst einmal die Frage, wozu das überhaupt gut sein soll. Solange wir selbst damit glücklich sind, in der Vergangenheit oder der Zukunft zu leben, wäre es im Grunde doch völlig gleichgültig, wo wir gerade mit unseren Gedanken sind. Mit einem einzigen Vorbehalt:

> Jeder Angreifer könnte unsere geistige Abwesenheit im Jetzt für seine Zwecke gegen uns verwenden.

Das beginnt damit, dass jemand, der im Geist nicht in der Gegenwart ist, auch nicht wahrnehmen kann, was in dieser passiert. Der chinesische Philosoph Konfuzius hat einmal gesagt: »Menschen stolpern nicht über Berge, sondern über Maulwurfshügel.« Daher wird ein kluger Angreifer wo immer möglich versuchen, den Blick seines Opfers auf die Berge zu richten, damit es den Maulwurfshügel direkt vor seinen Füßen übersieht.

Lassen Sie mich das anhand eines Beispiels illustrieren. Angenommen, ich mache Ihnen bei einer Gehaltsverhandlung zwei verschiedene Angebote. Die erste Variante sieht vor, dass ich Ihnen zwar im Moment recht wenig bezahle. Gleichzeitig stelle ich Ihnen aber in Aussicht, in Zukunft richtig viel zu verdienen. Bei Variante zwei biete ich Ihnen sofort ein mittelmäßiges Gehalt an, betone aber, dass das auch künftig so bleiben wird. Ganz spontan: Für welche der beiden Varianten entscheiden Sie sich? *Schreiben Sie Ihre Antwort bitte in Ihr Heft,* und notieren Sie darunter den Grund für diese Entscheidung.

Denken Sie wie die meisten Menschen, dann haben Sie sich für die erste Variante entschieden. Was durchaus verständlich ist. Schließlich ist der Gedanke viel verlockender, in der Zukunft einmal richtig gutes Geld verdienen zu können, als sich ein Leben lang mit einem mittleren Einkommen zufriedengeben zu müssen! Vielen wäre allein diese Aussicht durchaus das Opfer wert, im aktuellen Moment auf einen Teil des Gehalts zu verzichten.

Abgesehen davon, dass niemand wissen kann, ob es das Unternehmen in der Zukunft überhaupt noch geben wird, habe ich in beiden Fällen nicht von einer Garantie, sondern lediglich von einer Aussicht geschrieben. Es spräche also nichts dagegen, sich jetzt für das mittlere Gehalt zu entscheiden und trotzdem später einmal in Geld zu schwimmen. Ebenso besteht die Möglichkeit, dass sich das spärliche Einkommen der Gegenwart auch in Zukunft nicht bessert.

Dennoch gilt:

> Viele Menschen sind bereit, für ein Versprechen in einer ungewissen Zukunft im Hier und Jetzt auf etwas zu verzichten.

Das zeigt auch das Beispiel des Glücksspiels. Hier verzichtet nämlich jeder, der einen Lottoschein erwirbt, erst einmal vorrangig auf jenes Geld, das er für die Teilnahme an der Lotterie bezahlt. Die einzige Gegenleistung, die er dafür bekommt, ist der Traum, vielleicht einmal eines Tages ein Vielfaches der Investition zurückzubekommen.

Sie sehen: Der Blick auf die Zukunft verstellt uns den Blick auf die Gegenwart und auf die wahren Absichten unseres Gegners. Das Ziel, das die Lotteriegesellschaft verfolgt, ist nämlich nicht, ihre Kunden möglichst reich zu machen, sondern selbst maximal viel Geld zu verdienen.

Unsere Unfähigkeit, im Augenblick zu leben, zählt zu den wichtigsten Schwachpunkten, an denen ein Angreifer uns attackieren kann. Wer mit dem Kopf nicht auf dem Kampfplatz ist, der ist für seinen Gegner ein leichtes Opfer.

Verstärkt wird dies durch eine häufig übersehene Tatsache:

> Wir können nicht an zwei Dinge gleichzeitig denken.

In Shaolin heißt es: »An der Vordertür wehrst du den Tiger ab, und durch die Hintertür kommt der Wolf ins Haus.« Denn wir können eben nicht mit unseren Gedanken zur selben Zeit an zwei verschiedenen Orten sein.

Stellen Sie sich einmal vor, Sie wären frisch verliebt und betrachteten eng umschlungen mit dem neuen Partner einen wunderschönen Sonnenuntergang. Auf einmal fällt Ihnen ein, dass Sie eine ganz ähnliche Situation schon einmal mit Ihrer ersten großen Liebe erlebt haben. In diesem Moment formt die Erinnerung vor Ihrem geistigen Auge ein konkretes Bild, und Sie gleiten mehr und mehr in die Vergangenheit ab. Als die Sonne schon fast hinter dem Horizont verschwunden ist, holt Sie eine vertraute Stimme abrupt in die Gegenwart zurück: »Das war ja richtig schön jetzt, findest du das nicht auch?« Verstehen Sie, worauf ich hinausmöchte? Ihre Unfähigkeit, im Augenblick zu sein, hat Ihnen etwas genommen, das es so nie wieder geben wird. Einfach, weil Sie nicht gleichzeitig in der Vergangenheit schwelgen und den Moment genießen können. Das Gleiche gibt es natürlich auch umgekehrt.

Sie kennen sicher diese Situationen, wo jemand mitten in einen wunderbaren Moment hinein die Frage stellt: »Bleiben wir noch lange?«

»Jetzt«, so möchte man dem anderen dann entgegenschreien, »jetzt sind wir hier. Und alles Weitere sehen wir, wenn es so weit ist.«

Schreiben Sie bitte die letzten drei Situationen in Ihr Heft, in denen Sie selbst davon betroffen waren, dass jemand nicht im Hier und Jetzt war.

Immer wieder frage ich mich, worin dieses eigenartige Verhalten seinen Ursprung hat. Einerseits glaube ich, dass den Menschen doch auffallen müsste, dass es ihnen nicht guttut. Keiner geht wohl aus der oben beschriebenen Situation mit dem Sonnenuntergang glücklich heraus. Und doch scheint es für die meisten von uns unmöglich, die eigenen Gedanken abzustellen. Statt einfach den Augenblick zu genießen, plant so jemand lieber für eine Zeit, von der er gar nicht wissen kann, ob er sie überhaupt erleben wird. Ich kenne Menschen, die schon zu Beginn des Frühlings daran denken, wie schrecklich der nächste Winter werden wird. Ich habe Paare erlebt, die sich schon zum Zeitpunkt des Kennenlernens Gedanken darüber gemacht haben, wie sie mit einer möglichen Trennung umgehen. Interessanterweise handelt es sich dabei um eine Verhaltensweise, die tatsächlich von Generation zu Generation weitergegeben wird. Schon als wir Kinder waren, wollten die Erwachsenen viel seltener von uns wissen, was wir gerade spielten, als wie wir uns denn unsere Zukunft vorstellten.

Verstehen Sie mich bitte richtig: Es geht nicht darum, dass Sie nicht träumen sollen.

> Träume sind wichtig
> und wertvoll.

Was aber viele Menschen tun, ist so, als hätten sie für teures Geld Karten für das Konzert eines Star-Geigers erworben und säßen nun mit Kopfhörern im Konzertsaal, um sich endlich das schon lange auf dem Mobiltelefon aufgenommene Klavierkonzert anzuhören. Wirklich genießen werden sie wohl keines von beiden.

Weiter gedacht, führt diese »Irgendwann gehen aber auch die schönsten Stunden vorbei«-Denkweise noch zu einem anderen Phänomen. Sie bewirkt nämlich, dass viele

Menschen sich paradoxerweise dann am wohlsten fühlen, wenn sie unglücklich sind.

Das klingt jetzt merkwürdig, und irgendwie ist es das auch. Zumal diese Menschen gar nicht das Unglücklichsein als solches schätzen, sondern vielmehr das Gefühl, dass es ihnen keiner wegnehmen kann – im Gegensatz zu den guten Stunden. Bestimmt haben Sie den Spruch: »Das ist doch zu schön, um wahr zu sein!« gehört oder selbst benutzt. Ist Ihnen jemals zu Ohren gekommen, dass jemand gesagt hätte: »Das ist doch viel zu schlecht, um wahr zu sein?«

Notieren Sie bitte in Ihr Heft, wann Sie das letzte Mal Ihr Glück nicht genießen konnten, weil Sie Angst vor dem Moment hatten, an dem es vorbei wäre.

In einer Zen-Geschichte heißt es, dass eines Tages ein Mann unbedingt die Zeit anhalten wollte. Er stand auf einer kleinen Anhöhe vor seinem Dorf und schrie laut den Himmel an: »Zeit, stehe still!« Doch nichts geschah. Verzweifelt flehte er weiter: »Bitte, Zeit, steh still!« Ein Samurai, der den Hilferuf des Mannes vernommen hatte, kam auf ihn zu und sprach: »Wenn das dein Wunsch ist, werde ich ihn dir erfüllen.« Der Samurai zog sein Schwert und schlug dem Mann den Kopf ab. Zu dem Toten gewandt, sagte er: »Alles bewegt sich auf dieser Welt und ist der steten Wandlung unterworfen. Es gibt nur eine Zeit, deine Zeit. Auch ihr Wesen ist Wandlung. Wer die Veränderung nicht will, der will auch nicht das Leben!«

Betrachtet man die Sache einmal mit etwas Abstand, so lässt sich noch etwas Eigenartiges bemerken.

> Menschen, die nicht im Augenblick leben,
> machen sich fast automatisch Sorgen
> um eine düstere Zukunft.

Eine Tatsache, die sich viele unserer Gegner zunutze machen. Gleichgültig, ob jemand an Ihr Geld kommen möchte oder er Sie von einer ihm nicht vorteilhaften Unternehmung abhalten will: Oft genügt es, wenn der Gegner die Frage stellt: »Und wie willst du das dann später einmal machen?«, um sein böses Ziel zu erreichen.

Nun ist es aber so, dass wir in der Zukunft überhaupt nicht handeln können, weil wir gar keinen Zugriff auf sie haben. Sie können, anders gesagt, nicht jetzt etwas in einer Stunde ändern.

> Die einzige Zeit, die uns für
> Veränderungen oder Vorbereitungen
> zur Verfügung steht,
> ist der aktuelle Moment.

Was aber, wenn wir diesen wertvollen Moment damit vergeuden, uns zu sorgen, anstatt uns auf das vorzubereiten, was vielleicht vor uns liegt? Nicht nur einmal habe ich erlebt, dass jemand durch das, was er aktuell getan hat, die befürchtete Zukunft erst selbst herbeigeführt hat.

Sie können sich das vorstellen, als hätte ein Bauer panische Angst, ihm könnte im nächsten Monat das Essen ausgehen. Statt aber sofort in den Garten zu gehen und dort neue Samen zu säen, damit diese rechtzeitig Früchte tragen, sitzt er ängstlich zu Hause und gibt sich seinen Befürchtungen hin. Wird so jemand jemals verstehen, dass er sich seine Zukunft und die Probleme, die sie bringt, durch sein eigenes Verhalten selbst geschaffen hat?

> Buddha hat einmal gesagt:
> »Was du denkst, das wirst du.«

Die Angriffstechnik, die Gedanken eines anderen vom aktuellen Augenblick auf eine möglicherweise gefährliche Zukunft zu lenken, kann aber noch viel mehr: Sie nimmt dem Opfer Energie. Auch wenn das vielen nicht wirklich bewusst ist: Denken ist am Ende ein rein körperlicher Vorgang. Wie alle anderen körperlichen Vorgänge auch kostet es daher eine Menge Kraft, die uns in der Folge an anderer Stelle fehlt. Der Angreifer kann also damit rechnen, dass wir uns gleichsam in seinem Auftrag selbst schwächen, indem wir über etwas nachdenken, das vielleicht gar nicht eintreten wird. Dadurch übersehen wir aber das, was gerade tatsächlich passiert.

Was für die Abwehr von Angriffen wahr ist, gilt natürlich erst recht für den Angriff selbst. Einer der Gründe, weshalb die Mönche von Shaolin als Kämpfer so große Achtung genossen, war die Tatsache, dass sie ihre gesamte Energie explosionsartig in einem einzigen Augenblick des Angriffs bündeln konnten. Eine Fähigkeit, die natürlich nicht nur im Kampf von Nutzen ist.

Der große Fotograf Henri Cartier-Bresson hat einmal gesagt: »Fotografieren heißt, den Atem anzuhalten, wenn sich im Augenblick der flüchtigen Wirkung all unsere Fähigkeiten vereinigen. Kopf, Auge und Herz müssen dabei auf eine Linie gebracht werden.« Und so habe ich gerade in der Fotografie die schönste Analogie dafür gefunden, was passiert, wenn es einem Angreifer gelingt, unsere Aufmerksamkeit auch nur für einen Sekundenbruchteil abzulenken. Schickt man nämlich das Licht der Sonne durch eine sogenannte Sammellinse, so vereinigen sich alle Lichtstrahlen am anderen Ende in einem Punkt. Hält man nun ein Blatt Papier genau in dieser auch als Brennweite bekannten Entfernung vor die Linse, wird die Energie so stark, dass das Papier tatsächlich zu brennen beginnt. Weicht man aber auch nur den Bruchteil eines Millimeters von der nötigen Distanz ab, so sammelt sich das Licht nicht mehr in einem Punkt, sondern zerstreut sich zu einem Kreis. Die Energie, die in der Lage wäre, Materie zu entzünden, wird in diesem Fall aber nicht schwächer. Sie verpufft vielmehr zu nichts.

Lernen Sie daher, Ihre Energie zu fokussieren.

Nun bedeutet im Augenblick zu leben natürlich nicht, zu verleugnen, dass es so etwas wie eine Vergangenheit gibt. Es bedeutet vielmehr, zu akzeptieren, dass uns die Vergangenheit zu jenem Menschen gemacht hat, der wir heute sind. Und dass die einzige Chance, daran etwas zu ändern, genau in diesem Augenblick ist. »Die beste Zeit, einen Baum zu pflanzen«, hat der russische General Aleksej Araktschejew einmal gesagt, »war vor zwanzig Jahren. Die nächstbeste Zeit ist jetzt.«

Zum Schluss dieses Kapitels bleibt mir noch eine wichtige Frage zu beantworten: Wie können wir es trainieren, im Moment zu leben? Zuerst einmal gilt es, dass wir die Entscheidung dazu treffen. Wir müssen es wirklich tun wollen. Wer lieber in der Vergangenheit hängt oder von der Zukunft träumt, als die Gegenwart wahrzunehmen, der wird auch mit den besten Übungen keinen Erfolg haben. Dann gilt es zu lernen, bewusst den Augenblick zu achten. Gleichgültig, wo Sie sich gerade befinden, gewöhnen Sie sich an, Ihre Umgebung gezielt wahrzunehmen. Wo befinden Sie sich gerade? Was sehen Sie dort? Schließen Sie bitte kurz die Augen, und achten Sie nur auf das, was Sie hören. Wonach riecht es an dem Ort, an dem Sie gerade sind? Beschreiben Sie nur, und bewerten Sie nicht. Wenn es nach Rosen riecht, dann denken Sie, es riecht nach Rosen, und wenn Ihnen Kanalgeruch in die Nase steigt, dann denken Sie genau das.

> Versuchen Sie bewusst, mit allen Sinnen dort anzukommen, wo Sie gerade sind.

Achten Sie dann auf die Menschen, die Sie umgeben. Versuchen Sie festzustellen, was deren Ziele sind. Lassen Sie auch hier jede Bewertung, und sehen Sie nur das, was ist. Beobachten Sie aber auch stets sich selbst: Sobald Sie bemerken, dass Ihre Gedanken abzuschweifen beginnen, kehren Sie bewusst in die Gegenwart zurück.

Ein Mann, so heißt es in Shaolin, kam eines Tages zu Meister Tao-hsin und fragte ihn: »Was ist wichtiger: die Vergangenheit, die Gegenwart oder die Zukunft?« Tao-hsin trat zu dem Mann hin, schlug ihn, setzte sich wieder und fragte: »Was war schlimmer: mich kommen zu sehen, der Schmerz oder die Erinnerung daran?« Der Mann war sprachlos und ging.

> Lernen Sie, jeden einzelnen Moment in vollem Bewusstsein zu leben.

Um das, was irgendwann einmal eintreten könnte, können Sie sich immer noch dann kümmern, wenn es einmal so weit ist. Denn über Sieg und Niederlage, so weiß man in Shaolin schon lange, entscheidet nur ein einziger Augenblick.

Übungen

Wo ist das Hier?

_____

_____

_____

Was fühlen Sie unter Ihrem rechten Fuß?

_____

_____

_____

Kann man eine düstere Zukunft abwenden?

_____

_____

_____

Was kommt nach einer schönen Zeit –
und ist das immer so?

_____

_____

_____

Wenn kein einziger
Gedanke gedacht wird,
 dann bist du befreit
von allem Leiden.

(Dadu)

3
Der Weg des Sich-Zurücknehmens

Zu einem Streit gehören immer zwei.
(aus China)

Lerne, dich von deiner eigenen Kraft zu befreien

In den 1950er-Jahren fanden einige der über Jahrhunderte geheim gehaltenen Kampfkünste der Shaolin-Mönche langsam ihren Weg in den Westen. War dieses Wissen hier anfangs nur wenigen Eingeweihten vorbehalten, so erreichte es bald einen größeren Bekanntheitsgrad. Im Laufe der Jahre setzten sich vor allem zwei Stile durch, die gegensätzlicher nicht sein könnten.

Zum einen war das die Technik des Kung-Fu und dann das sich daraus entwickelnde Taijiquan. Mit seinen harten, schnellen Schlägen und Blöcken galt Kung-Fu schon den alten Meistern als Sinnbild für die Schule des »Äußeren Stils«. Nach ihrer Ansicht kann Kraft allein durch Kraft besiegt werden, da das Schwache grundsätzlich immer dem Starken unterliegt.

Wer den Kampfplatz als Sieger verlassen möchte, der

braucht neben schnellen Reaktionen und großer Wendigkeit vor allem eine maximale körperliche Kraft.

Doch während die Bewohner von Shaolin ihre Körper stählten, beobachtete im Wudang-Gebirge, wenige Hundert Kilometer vom Kloster entfernt, der daoistische Mönch Zhang Sanfeng, wie ein Kranich gegen eine Schlange kämpfte. Statt sich möglichst kraftvoll gegen den Vogel zur Wehr zu setzen, wich die Schlange einfach geschmeidig dem hackenden Schnabel aus, bis der Kranich erschöpft aufgab und davonflog. Zhang Sanfeng sah die Worte Lao-Tses bestätigt, dass Kraft nur mithilfe von Schwäche und das Harte nur durch das Sanfte überwunden werden kann. Das ungleiche Duell hatte ihm bewiesen, dass nicht körperliche Kraft zum Sieg führt, sondern allein die Fähigkeit, sich, wo immer nötig, zurückzunehmen.

Mit dieser Erkenntnis war die Idee des »Inneren Stils« geboren. Zhang Sanfeng entwickelte aus ihr eine Kampftechnik, die als Taijiquan – »Kampftechnik der großen Gegensätze« bekannt werden sollte. Im Vordergrund stand nun anstelle maximaler körperlicher Kraft die Bereitschaft, nachzugeben. Man könne, so sollte es ein Meister später einmal definieren, »die Kraft von zehntausend Jin« dann »durch eine Anstrengung von vier Liang abwehren«, also einen Angriff von sechshundert Kilo mit nur hundertfünfzig Gramm.

Ein Kämpfer dieser Schule soll daher einen Angriff nicht mit einem möglichst noch härteren Gegenangriff parieren, sondern den Gegner vielmehr durch Zurückweichen ins Leere laufen lassen. Indem man der Kraft des Angreifers nachgibt und den Bewegungen des Gegenübers folgt, ohne sie beeinflussen zu wollen, kann man die gegnerische Kraft neutralisieren und letztlich gegen den Angreifer verwenden. Kreisförmige, weiche Bewegungen erlauben es auch einem körperlich unterlegenen Kämpfer, einen mit größter Macht geführten Schlag auf ein Nichts zu reduzieren. Ist aber dank dieser Nachgiebigkeit die Angriffsenergie verpufft, genügt schon eine geringe Anstrengung, um den Angreifer aus dem Gleichgewicht zu bringen und zu Boden zu werfen.

Wang Zongyue, der heute als der eigentliche Urvater des Taijiquan gilt, schreibt dazu: »Dem geringsten Druck des Gegners soll man nachgeben, beim geringsten Zurückweichen des Gegners soll man nicht von ihm ablassen. Die Kraft durch Nachgiebigkeit besiegen heißt zurückweichen.«

Einen Kampf, so die Einsicht des Meisters, gewinnt nicht derjenige, der am härtesten attackiert.

> In einer Auseinandersetzung siegt, wer bereit ist, sich auf den Gegner einzulassen.

Daher soll ein guter Kämpfer auch nie danach streben, selbst aktiv zu werden, sondern dies seinem Gegner überlassen.

Bald gelangten die neu entstandenen Kampftechniken nach Shaolin, wo die Mönche sie an ihre Bedürfnisse anpassten und sie den existierenden Stilen hinzufügten.

Damit einher ging auch die Einsicht, dass von einem Menschen, der die Kampfkünste zur Sache seines Lebens gemacht hat, besondere Eigenschaften gefordert waren. Wie im Kampf, so verlangten die Meister, sollte ein guter Kämpfer auch im täglichen Leben in der Lage sein, sich selbst zurückzunehmen.

Der ehrwürdige Mönch Jiao Yuan formulierte einen zehn Punkte umfassenden Kodex, der bis heute in vielen Nahkampfschulen hängt. In diesem heißt es unter anderem: »Wer die Kampfkunst studiert, ist verpflichtet, sich des Wunsches zu enthalten, in der Öffentlichkeit seine Kenntnisse preiszugeben oder irgendeiner Aufforderung dazu Folge zu leisten.« Ich glaube nicht, dass diese Regel nur den Zweck hatte, die Geheimnisse der Kampfkunst zu wahren. Vielmehr dürfte schon den alten Meistern bewusst gewesen sein, dass jede Form von Prahlerei Neid hervorruft. Wer zu sehr damit angibt, ein toller Kämpfer zu sein, wird bald von jemandem herausgefordert werden, der glaubt, noch besser zu sein. Eine Idee, die keineswegs ausschließlich für Kampfsituationen gilt.

Stellen Sie sich einmal vor, Sie stehen an einem Fußgängerübergang. Sie haben gerade die Fahrbahn betreten, um die Straße zu überqueren, und schauen zur Sicherheit noch einmal kurz nach links. Da sehen Sie, wie ein Auto mit unverminderter Geschwindigkeit auf Sie zukommt, und Sie stellen fest, dass der Fahrzeuglenker offensichtlich gar nicht vorhat, vor dem Zebrastreifen anzuhalten. *Notieren Sie bitte in Ihr Heft,* wie Sie auf das Fehlverhalten des Fahrers reagieren, wenn es sich um einen älteren Herren in einem klapprigen Wagen handelt. *Schreiben*

Sie dann darunter, was in der gleichen Situation in Ihnen vorgeht, wenn Ihr Gegner ein gestylter Mann mit Sonnenbrille und Fönfrisur in einem riesigen Geländewagen ist.

In beiden Fällen sind die Fahrer ihrer Pflicht nicht nachgekommen, anzuhalten, um Sie queren zu lassen. Ist aber auch Ihre Reaktion in beiden Fällen gleich? *Unterstreichen Sie bitte,* in welchem Fall Sie sich eher provoziert fühlten, *und schreiben Sie daneben,* warum das so ist.

Im Laufe der Jahrhunderte gelang es den Mönchen von Shaolin, den Weg des Sich-Zurücknehmens so weit zu perfektionieren, dass aus dieser Idee ein eigener, ganz neuer Kampfstil entstand: das Wing Tsun. Der Legende nach von einer Frau entwickelt, lehrt es den Schüler, dass der Schlüssel zu Sieg oder Niederlage allein im bewussten Umgang mit den eigenen Ressourcen liegt. So heißt es bereits im ersten der vier sogenannten Kraftprinzipien, die der Technik zugrunde liegen:

> Befreie dich
> von deiner eigenen Kraft.

Eine Forderung, die auf den ersten Blick durchaus paradox erscheint. Warum sollten wir uns von unserer Kraft befreien und unserem Gegner möglichst schwach gegenübertreten? Wäre nicht eher das Gegenteil sinnvoll? Macht man sich bewusst, wie oft uns nicht die Kraft eines Angreifers verwundet, sondern allein unsere eigene, so ergibt die Aussage Sinn.

> Viel zu oft bekämpfen wir anstelle unseres Gegners unbewusst uns selbst.

Nehmen wir als gängiges Beispiel die Provokation. Wer mit Ihnen einen Streit beginnen möchte, kann auf einen Mechanismus setzen, der allen Wesen gleichsam eingebaut ist und daher immer funktioniert: Jeder Druck erzeugt Gegendruck. Anders gesagt: Ein Angriff aktiviert jene innere Kraft, mit der Sie dann gegen sich selbst vorgehen. Oder gefällt es Ihnen ernsthaft, zornig zu sein? Sage ich aber zu Ihnen, dass ich Ihre Frisur oder Ihre Kleidung so wirklich hässlich finde, wie reagieren Sie? Denken Sie schulterzuckend, es möge jeder seine Meinung haben? Oder gehen Sie vielmehr innerlich automatisch zum Gegenangriff über, auch wenn Sie eigentlich gar nicht in der Stimmung für einen Streit sind? *Schreiben Sie es bitte auf.* Ihr Eingehen auf meine Provokation bedeutet jedenfalls, dass ich im ersten Schritt gewonnen habe: Ich habe Sie zu einem Kampf provoziert.

Nun werden Sie möglicherweise entgegnen, dass Sie sich doch nicht alles gefallen lassen können! Sollen Sie sich etwa von einem anderen beschimpfen lassen, ohne darauf zu reagieren? *Schreiben Sie bitte in Ihr Heft,* welchen genauen Vorteil es in so einem Fall bringt, wenn Sie Ihrerseits den Gegner ebenfalls beschimpfen.

Besonders beeindruckend zu sehen ist dieser Mechanismus bei der sehr häufig eingesetzten Kampftechnik der Kränkung. Diese hat aus der Sicht eines Angreifers nämlich gleich zwei Vorteile. Zum einen raubt sie dem Attackierten die Kraft für den Widerstand.

> Verletzte Menschen schlagen zwar wild um sich, setzen sich aber nur selten effizient zur Wehr.

Der Benefit für den Gegner liegt aber woanders: Er muss nach der Attacke nichts mehr tun. Den eigentlichen Kampf führt das Opfer nämlich ganz allein gegen sich selbst.

Vielleicht entgegnen Sie jetzt, dass das so nicht ganz richtig ist. Schließlich trage doch auch der Angreifer immer seinen Teil dazu bei, dass wir uns verletzt fühlen!

Um die wahre Dimension dieser inneren Kraft zu verstehen, lassen Sie uns einmal annehmen, die Kränkung beruhe auf einem Missverständnis. Sie fühlen sich nur deshalb gekränkt, weil Sie etwas ganz anders verstanden haben, als Ihr Gegenüber eigentlich gemeint hat. Wer ist es jetzt, der Sie kränkt?

Ich erinnere mich in diesem Zusammenhang gut an einen regen Nachrichtenaustausch mit einer lieben Freundin mithilfe eines dieser Messenger-Dienste, die man auf dem Mobiltelefon installiert. Nachdem wir uns bereits im Laufe der Konversation durch mehrere Missverständnisse in die Haare geraten waren, wollte ich ein Eskalieren der Situation verhindern. Um ihr mein Einlenken zu signalisieren, schrieb ich: »Komm einmal her zu mir.« Da mir diese Aufforderung dann aber doch etwas zu brüsk erschien, fügte ich noch hinzu: »Bitte fehlt.« Ich wollte also einfach schreiben: »Komm bitte einmal her zu mir.« Erst viel später sollte ich erfahren, was dieser Zusatz bei ihr ausgelöst hatte. Sie hatte den zweiten Satz nämlich in Zusammenhang mit einer ihrer eigenen Aussagen gebracht und sich lange darüber geärgert, weil sie der Meinung war, ich hätte sie dafür kritisiert, nicht »bitte« gesagt zu haben. *Schreiben Sie bitte* drei Situationen in Ihr Heft, in denen nur Sie für das Gefühl verantwortlich waren, gekränkt worden zu sein.

Nun stellt sich die Frage:

Warum fällt es uns so schwer, uns zurückzunehmen?

Zumal dieses Verhalten doch mit vielen Vorteilen verbunden ist! Ich persönlich sehe einen der Hauptgründe dafür in dem zutiefst menschlichen Bedürfnis, sich vor anderen zu behaupten. Wir spielen jeden Tag viele verschiedene Rollen und möchten in jeder einzelnen als möglichst stark und unbesiegbar wahrgenommen werden.

So erzählt man sich in Shaolin, dass eines Tages ein indischer Yogi, ein Sufi-Derwisch und ein Zen-Mönch zusammen auf Reisen gingen. Unterwegs kamen sie zu einem kleinen Fluss. Die Brücke, die ursprünglich darüber geführt hatte, war vom Schmelzwasser weggespült worden. »Ich zeige euch, wie man einen Fluss überquert«, sagte der Yogi – und ging doch tatsächlich hinüber, und zwar direkt auf der Wasseroberfläche! »Nein, nein, so macht man das nicht«, sagte der Derwisch. »Passt gut auf,

Freunde.« Er fing an, sich im Kreis zu drehen, schneller und schneller, bis er nur noch ein verwaschener Fleck aus konzentrierter Energie war, und ganz plötzlich – peng! – sprang er ans andere Ufer. Der Zen-Mönch stand da und schüttelte den Kopf. »Ihr Dummköpfe«, sagte er, »ich zeige euch, wie man einen Fluss überquert.« Und damit hob er sein Gewand an und watete vorsichtig durch das Wasser.

> Wie oft verwenden wir mehr Energie darauf, vor anderen gut dazustehen, als darauf, unsere Ziele zu erreichen?

Dabei ist es auf dem Weg zum kampflosen Sieg ohnehin keineswegs immer von Vorteil, möglichst stark zu erscheinen. Ganz im Gegenteil kann es oft besser sein, sich nicht von der Prahlerei des Gegenübers mitreißen zu lassen.

> Wir sollten selbst dort bescheiden auftreten, wo wir dem Gegner überlegen sind.

Eine Verhaltensweise, die man in Asien bis zur Perfektion beherrscht. Ein Umstand, der sich bis auf das Niveau der Weltpolitik beobachten lässt.

So haben sich in der letzten Zeit die beiden wirtschaftlichen und militärischen Supermächte China und USA immer wieder wegen unterschiedlicher Ansichten durchaus feindlich gegenübergestanden. In jedem dieser Fälle haben die Vertreter des westlichen Staates begonnen, mit ihren Waffen, ihrer Truppenstärke und ihrer allgemeinen Überlegenheit anzugeben. Haben Sie aber jemals etwas Ähnliches von chinesischer Seite gehört? Obwohl China über fast doppelt so viele Soldaten verfügt wie die USA, hat man bei chinesischen Politikern immer das Gefühl, sie verhandelten aus einer unterlegenen Position heraus.

Dieses Verhalten hat in Ostasien eine lange Tradition. Schon im alten China war die Taktik »Verrücktheit zu mimen, ohne das Gleichgewicht zu verlieren« allgemein bekannt. Ein Feldherr, so die dahinterstehende Strategie, lässt sich von seinem Feind bewusst als unfähig betrachten, damit dieser wertvolle Zeit verstreichen lässt. Diese kann der Feldherr dann dazu nutzen, seine eigene Ausgangslage zu verbessern.

Die Kunst des Sich-Zurücknehmens bedeutet aber auch noch etwas anderes:

> Wir müssen unser Bedürfnis kontrollieren, uns ständig in alles einzumischen.

Solange es niemandem schadet, kann uns nämlich völlig gleichgültig sein, was ein anderer tut. Ob es uns gefällt oder nicht, steht es jedem frei, sein Leben so zu leben, wie er es möchte. Es kann und darf nicht unsere Sache sein, andere Menschen auf jenen Pfad zu bringen, den wir selbst für den einzig richtigen halten.

Ein getreuer Schüler, so heißt es in einer Zen-Geschichte, schickte seinem Meister weisungsgemäß jeden Monat einen Bericht über seine Fortschritte. Im ersten Monat schrieb er: »Ich spüre, dass sich mein Bewusstsein weitet, und fühle mich eins mit dem Universum.« Der Meister warf einen Blick auf die Nachricht und warf sie weg. Im nächsten Monat meldete der Schüler: »Ich habe endlich herausgefunden, dass das Göttliche in allen Dingen gegenwärtig ist.« Der Meister verzog das Gesicht. Im dritten Monat waren die Worte des Schülers voller Begeisterung: »Das Mysterium des Einen und der Vielen hat sich meinem staunenden Blick offenbart.« Der Meister schüttelte den Kopf und warf den Brief in den Papierkorb. Der Brief des vierten Monats lautete: »Niemand wird geboren, niemand lebt und niemand stirbt, denn das Ego-Ich ist nicht.« Der Meister hob seufzend die Arme und ließ sie wieder fallen. Im fünften Monat kam kein Brief. Auch im sechsten und in den weiteren Monaten nicht, bis schließlich ein ganzes Jahr vergangen war. Da fand es der Meister an der Zeit, den Schüler an seine Berichtspflicht zu erinnern. Die Antwort kam schnell. Doch in dem Brief stand nur: »Wen kümmert es?« Als der Meister das las, huschte ein zufriedenes Lächeln über sein Gesicht.

Natürlich sollen uns andere Menschen keinesfalls völlig gleichgültig sein. Wir müssen lernen zu unterscheiden, ob jemand wirklich unsere Unterstützung braucht oder ob ein Gegner nur versucht, unsere Hilfsbereitschaft für seine Zwecke auszunutzen.

Das ist meist dort der Fall, wo jemand allzu offensichtlich darauf bedacht ist, uns wissen zu lassen, wie schlecht es ihm geht. In so einem Fall sollten wir besonders genau hinsehen, denn auch hinter diesem Vorgehen kann durchaus eine Absicht stecken. »Die List der Selbstverstümmelung« nannten die alten Chinesen diese Taktik, bei der sich ein Angreifer gezielt selbst verletzte, um damit Mitleid zu erregen oder eine gar nicht vorhandene Schwäche vorzutäuschen.

Praktisch angewendet wurde dieser Trick vor einigen Jahren vor allem von Berufsbettlern. Diese hatten erkannt, dass Menschen spendabler werden, wenn Tiere im Spiel sind. Von einem Tag auf den anderen hatte jeder dieser armen Menschen, die vor allem stark frequentierte Innenstädte bevölkerten, einen noch ärmeren Hund vor sich liegen. Der Bluff ging jedenfalls auf: Offensichtlich ohne daran zu denken, dass das gespendete Geld nicht den Tieren zugute kam, die dazu missbraucht wurden, Emotionen zu erzeugen, warfen die Passanten Münzen und Scheine in die bereitgestellte Box. So verkehrte sich die gut gemeinte Idee, den armen Kreaturen zu helfen, ins totale Gegenteil. Je mehr Geld mit den Hunden verdient wurde, umso länger mussten sie auf dem kalten Betonboden ausharren.

> Wir sollten das Motiv hinter jeder unserer Handlungen zweimal hinterfragen.

Nicht zuletzt führt der Weg des Sich-Zurücknehmens auch an einen durchaus schwierigen, aber sehr wichtigen Punkt: zur Erwartungslosigkeit. So habe ich bereits an vielen Stellen geschrieben:

Erwartungen machen uns angreifbar
wie nur wenig anderes.

Schließlich geben sie unserem Gegner die Kontrolle über unsere Gefühle. Wer nämlich weiß oder errät, was wir erwarten, der erhält Gewalt darüber, wie es uns geht.

Stellen Sie sich einmal vor, Sie betreten ein Geschäft. Obwohl die Verkäuferin, die Sie zu diesem Zeitpunkt gar nicht benötigen, gerade mit ihrem Telefon beschäftigt ist, rufen Sie in ihre Richtung ein lautes »Guten Tag!«. *Schreiben Sie bitte in Ihr Heft,* was Sie im Gegenzug von der Dame erwarten.

Ich nehme an, Sie möchten zurückgegrüßt werden, oder? Was aber geht in Ihnen vor, wenn die Verkäuferin einfach so tut, als wären Sie Luft, und weiter mit ihrem Handy spielt? Wenn Sie von der Dame aber nichts brauchen, weil Sie sich ohnehin nur umschauen wollen, warum ärgert Sie dann dieses Verhalten? *Notieren Sie bitte auch das.*

Möglicherweise liegt Ihrer Meinung nach das eigentliche Problem gar nicht in Ihren persönlichen Erwartungen, sondern vielmehr in dem aus Ihrer Sicht unmöglichen Verhalten der Verkäuferin. Was ginge aber in Ihnen vor, hätte die Dame Sie beim Betreten des Ladens freundlich gegrüßt und legte das schlechte Benehmen einer anderen Kundin gegenüber an den Tag: Wären Sie genauso erbost wie im ersten Fall? *Schreiben Sie bitte auch das auf.*

Erwartung, so zeigt eine alte Zen-Geschichte, kann aber noch viel mehr:

| DER WEG DES SICH-ZURÜCKNEHMENS |

> Etwas zu erwarten
> nimmt uns den Blick für das,
> was tatsächlich ist.

In einem Dorf, so erzählt man sich, war es lange Zeit Brauch, dass der örtliche Zen-Meister jeden neuen Gast persönlich begrüßte. Eines Tages kam ein Fremder des Weges und fragte: »Meister, sagt mir doch bitte, wie sind die Menschen hier in Eurem Dorf?« Der Meister lächelte und erwiderte: »Sage du mir, wie waren denn die Menschen, denen du im letzten Dorf begegnet bist?« Der Mann antwortete: »Sie waren freundlich, offenherzig und hilfsbereit. Ich habe mich dort sehr wohlgefühlt.« – »Gut«, sprach der Zen-Meister, »so werden die Menschen auch hier sein.« Nach kurzer Zeit erschien ein zweiter Fremder, und auch er fragte den weisen Mann: »Guten Tag! Bitte sagt mir, wie sind die Menschen hier in Eurem Dorf?« Erneut lächelte der Meister und fragte: »Sage du mir, wie waren die Menschen, denen du im letzten Dorf begegnet bist?« Der Mann gab zur Antwort: »Oh, sie waren fürchterlich! Launisch, unfreundlich und verschlossen. Keiner hat dem anderen geholfen oder ihn unterstützt. Ich habe mich dort überhaupt nicht wohlgefühlt.« – »Gut«, erwiderte der Zen-Meister, »so werden die Menschen in etwa auch hier sein.«

> Menschen sehen immer,
> was sie zu sehen erwarten.

So verändert auch jede unserer Erwartungen unsere eigene Sicht auf die Welt.

Genauso trüben einmal getroffene Urteile unser weiteres Urteilsvermögen und nehmen uns die Freiheit, unvoreingenommen zu entscheiden. Das gilt sogar für Ansichten, die wir von unseren Gegnern übernehmen.

Ein Umstand, den ich oft bei meinen Reisen nach Asien bemerke. Vor allem in den Köpfen derer, die noch niemals chinesischen Boden betreten haben, ist die Volksrepublik China nach wie vor ein Staat, in dem so etwas wie Freiheit nicht existiert.

Grund genug für viele der so Manipulierten, nie in dieses Land zu fahren. Schließlich will man doch nicht mit seinem Geld ein menschenverachtendes Regime unterstützen! Ohne mich jetzt weiter darüber äußern zu wollen, dass die Chinesen in vielen Fällen wohl tausendmal mehr Freiheiten haben als die Menschen im Westen Europas, möchte ich in diesem Zusammenhang einen jungen chinesischen Studenten zitieren, mit dem ich das Problem einmal diskutiert habe. »Natürlich versäumt jemand, der unser wunderbares Land nicht kennenlernt, sehr viel. Aber umgekehrt ist es vielleicht ohnehin für alle Beteiligten besser, wenn jemand, der so über China denkt, einfach bei sich zu Hause bleibt.«

Zusammenfassend lässt sich sagen:

Die Kunst, sich zurückzunehmen, ist eine der stärksten Verteidigungstechniken – aber auch eine der stärksten Waffen.

In China sagt man auch:

> Bei sich abzeichnender Aussichtslosigkeit ist rechtzeitiges Weglaufen das Beste.

Immerhin hat sich jemand, der wegläuft, nicht ergeben. Eine vollständige Niederlage wäre es, tatsächlich aufzugeben, während ein aus einer Flucht resultierender Vergleich nur eine halbe Niederlage ist. Flucht, so sagt man in Shaolin, bietet die Chance, später zurückzukehren, um doch noch zu gewinnen.

Auch wenn unser Stolz uns oft etwas anderes einreden möchte, müssen wir weder jeden Kampf bis zum Schluss ausfechten, noch muss immer offiziell feststehen, dass wir mit unserer Meinung recht haben. Ist es für den weiteren Verlauf unseres Lebens nicht von Bedeutung, können wir jederzeit gewinnen, indem wir einfach aufstehen und den Gegner im Regen stehen lassen. Zu einem Streit, so weiß man nicht nur in China, gehören nämlich immer zwei.

Übungen

Ist Zurückweichen ein Zeichen von Schwäche?

_____

_____

_____

Was bedeutet »sich etwas nicht gefallen lassen«?

_____

_____

_____

Womit kann man Sie am schnellsten aus der Ruhe bringen?

_____

_____

_____

Was bringt es, vor Unbekannten gut dazustehen?

_____

_____

_____

_____

Still sitzen.
　　　Nichts tun.
Der Frühling kommt.
　　Das Gras wächst.

(aus China)

4
Der Weg der Entschleunigung

In der Ruhe liegt die Kraft.
(aus China)

Lerne, dass Schnelligkeit nur zu Energieverlust und Fehlern führt

Bei den Olympischen Spielen 1988 kämpfte ein im Westen noch wenig bekannter deutscher Boxer gegen einen durchaus ernst zu nehmenden Kontrahenten aus Kanada. Bis heute erinnere ich mich daran, dass die beiden Gegner, die sich da gegenüberstanden, nicht unterschiedlicher hätten sein können. Der kleinere zappelige Kanadier Egerton Marcus trat unruhig von einem Bein auf das andere. Henry Maske hingegen stand so gelassen im Ring, dass er schon fast gelangweilt wirkte. Ein Eindruck, der sich im Kampf fortsetzte. Kaum hatte der Gong den Beginn der ersten Runde signalisiert, rannte Marcus auf seinen Gegner zu und attackierte diesen mit einer Reihe rasend schneller Schläge. Maske zeigte sich zumindest äußerlich von dieser furiosen Attacke unbeeindruckt. Obwohl er bereits nach kurzer Zeit aus einer Kopfwunde blutete, blieb er ruhig. Bedächtig platzierte er gezielte Faustschläge gegen Kopf und Körper seines Gegners. Am Anfang des live im Fernsehen übertragenen Kampfes hatte ich den Eindruck, der unbeholfen wirkende Deutsche hätte gegen den schnellen Angriff keinerlei Chance. Doch bald verstand ich, dass Maskes Langsamkeit eine Strategie war, die ihm letztendlich zum Sieg verhalf. Analysiert man die Taktik – die Maske später mit den Worten »Ich boxe sparsam – aber wirkungsvoll« beschrieb – mit den Augen eines Kämpfers, wird schnell klar, warum dies der siegreiche Weg war. Nicht nur braucht ein langsamer Kämpfer weit weniger Energie als sein hastig agierender Gegner. Die reduzierte Geschwindigkeit wirkt sich auch auf die Qualität der jeweiligen Schläge aus. Während in dem oben beschriebenen Kampf der Angreifer seine Kraft auf viele kleine, schnelle Hiebe verteilte, von denen die meisten wohl nur wenig Schaden anrichteten, legte der spätere Sieger seine ganze Kraft und Konzentration in einige wenige, dafür aber hocheffiziente Schläge.

Damals fand ich erneut bestätigt, was ich durch die Beschäftigung mit der Kampfkunst gelernt hatte:

> Der Langsame kontrolliert den Schnellen nicht nur, er besiegt ihn meist.

Ein Prinzip, das sich sowohl auf die ruhigen Bewegungen des als »Schattenboxen« bekannten Taijiquan übertragen lässt wie auf das gesamte tägliche Leben.

Denken Sie einmal an zwei Personen, die auf einer Bühne vor Publikum über etwas diskutieren. Während der eine sehr schnell auf sein Gegenüber einredet und Argument um Argument auf Gegner und Zuhörer einprasseln lässt, steht der andere nur da und hört in Ruhe zu. Erst als der Kontrahent eine Atempause machen muss, nutzt er den Moment und unterbricht sein Gegenüber mit folgenden Worten: »Jetzt holen Sie aber mal Luft und machen etwas langsamer!« Ohne dass Ihnen der Inhalt der Diskussion bekannt ist: Wer, glauben Sie, wird diesen Disput gewinnen? *Schreiben Sie es bitte in Ihr Heft.*

Ich denke, dass der Diskussionsteilnehmer die Gunst des Publikums erlangen wird, der den anderen so demonstrativ entschleunigt hat. Schließlich hat er ihn vor den Zuhörern effektiv der Lächerlichkeit preisgegeben.

> Wer den Eindruck erweckt,
> sich beeilen zu müssen, wirkt schwach.

Daher ist ein hektischer Redner allein durch dieses Verhalten von vornherein in der schlechteren Position. Wer sehr schnell auf uns einredet, erzeugt in uns das Gefühl, er habe etwas zu verbergen oder wolle uns über den Tisch ziehen.

Weiter gedacht, lässt sich aus dieser Erkenntnis eine sehr effiziente Angriffstechnik entwickeln. Man kann nämlich oft schon allein dadurch das Vertrauen der Zuhörer gewinnen, dass man diesen gezielt das hektische Gehabe des Gegners ins Bewusstsein bringt.

> Wer den Zeitdruck seines Gegners
> entlarvt, macht ihn unglaubwürdig.

| DER WEG DER ENTSCHLEUNIGUNG |

Umgekehrt ist auch die Technik, den anderen gezielt zu beschleunigen, erstaunlich wirksam.

> Bringen Sie den Gegner in Zeitdruck,
> bis er so schnell agiert,
> dass er Fehler macht.

Der Angriff wird selten als solcher erkannt.

Diesen Sachverhalt demonstriere ich in meinen Seminaren gerne anhand eines Spieles. Hierbei besteht die Aufgabe der Gruppe darin, bis fünfzig zu zählen. Beginnend bei eins, sagt ein Teilnehmer nach dem anderen jeweils die nächstfolgende Zahl, bis das Ziel erreicht ist. Einzig Zahlen, welche die Ziffer sieben enthalten oder durch sieben teilbar sind, dürfen nicht ausgesprochen werden und müssen wie siebzehn oder einundzwanzig durch das Wort »Bumm« ersetzt werden. Macht jemand einen Fehler, beginnt das Spiel von vorne.

Noch vor Beginn der ersten Runde setze ich die Teilnehmer unter Druck. Ich schwärme von einer – natürlich frei erfundenen – Seminarrunde, welche die Aufgabe angeblich in einer Minute und dreizehn Sekunden gelöst hat. Dann fordere ich die aktuelle Gruppe auf, diesen Wert zu unterbieten. Während das Spiel läuft, schaue ich nun ständig demonstrativ auf die Stoppuhr und tue auch sonst alles, um das Zählen zu beschleunigen. Dabei kommt mir zusätzlich zu Hilfe, dass sich die Teilnehmer unter dem vermeintlichen Druck der anderen Teilnehmer selbst zur Eile antreiben.

> Geschickt genutzt, kann Gruppendynamik helfen, die Stärke eines Angriffs zu intensivieren.

Wenn ich das Spiel nach drei Minuten abbreche, ist die Gruppe nach mehreren Neuanfängen meistens gerade einmal bei dreißig angelangt.

Für die nun folgende zweite Runde gelten geänderte Regeln. Es geht nicht mehr darum, das Ziel möglichst schnell zu erreichen, sondern möglichst sicher. Nicht mehr die Geschwindigkeit steht im Vordergrund, sondern allein die Fehlerfreiheit. Ist die Gruppe nach etwa eineinhalb Minuten problemlos bei der Zahl fünfzig angelangt, herrscht großes Erstaunen. Wie kann das sein?

Wer sich verleiten lässt, eine Sache möglichst schnell zu machen, kann sie nicht gleichzeitig möglichst gut machen. Daher gilt:

> Ein Mensch in Eile
> ist fast immer langsamer.

In Shaolin heißt es dazu, dass eines Tages ein junger Schüler in den Tempel kam, um die Kunst des Kampfes zu erlernen. Er war von weit her angereist und sehr aufgeregt, als er endlich zu einem alten Meister vorgelassen wurde, um sein Anliegen vorzutragen. Er sagte: »Meister! Ich möchte der beste Kämpfer des ganzen Landes werden. Bitte nehmt mich als Euren Schüler an und sagt mir, wie lange ich trainieren muss, bis ich mein Ziel erreicht habe!«

Der Meister antwortete: »Das wird mindestens zehn Jahre dauern.« – »Oh, das ist aber eine lange Zeit!«, seufzte der Schüler. »Ich werde bestimmt sehr diszipliniert üben. Wenn nötig sogar doppelt so hart wie alle anderen Schüler. Sagt mir, wie lange dauert es dann?« – »Dann«, erwiderte der Meister, »dauert es zwanzig Jahre.« – »Und wenn ich ohne Unterbrechung sieben Tage die Woche immer von Sonnenaufgang bis Sonnenuntergang trainiere, wie lange dauert es dann?« Der Meister sah ihn an und sagte: »In diesem Fall dauert es bestimmt dreißig Jahre.« Entmutigt fragte der Schüler: »Wieso dauert es denn umso länger, je mehr ich mich bemühen will?« Der Meister lächelte und sagte: »Wenn du ein Auge ständig auf das Ziel gerichtet hast, dann bleibt nur noch ein Auge übrig, um den Weg zu finden.«

Diese Geschichte lehrt uns:

> Schnelligkeit ist eine Waffe, mit der wir uns selbst oder ein anderer uns schwächen kann.

Diesen oft übersehenen Umstand kann man auch schön an der oft unbemerkten Veränderung unseres Kommunikationsverhaltens illustrieren. So erinnere ich mich, dass ich als Jugendlicher oft mit Gleichaltrigen, die ich in einem Urlaub kennengelernt hatte, noch lange Zeit in brieflichem Kontakt stand. Auch wenn es heute manchen wohl schwer vorstellbar scheint, war damals das Verfassen eines solchen Schreibens eine durchaus aufwendige Prozedur. Man entwarf das Schreiben, las es, bereinigte es von allem, was missverständlich sein konnte oder sprachliche Eloquenz vermissen ließ, las es zur Sicherheit noch einmal und schrieb es schließlich in besonders bedeutenden Fällen ins Reine. Wie anders ist das alles heute! Was als langsamer Brief begann, wurde zum schnelleren Fax, zur noch schnelleren E-Mail und wird jetzt mittels einem der auf jedem Mobiltelefon installierten Messenger in Sekundenbruchteilen um die Welt geschickt.

Doch nicht nur die Zustellzeit wurde verkürzt. Die neue Technik ist mittlerweile so schnell, dass viele schon die Antwort schicken, bevor das Gegenüber überhaupt die Frage fertig formuliert hat. Wer schneller den Sende-Button drückt, so habe ich oft den Eindruck, der hat gewonnen. Aber was gibt es eigentlich zu gewinnen? Ist es denn wirklich so erstrebenswert, möglichst rasch eine Nachricht abzuschicken, die vor Rechtschreibfehlern und unkontrollierten Emotionen nur so strotzt? *Notieren Sie bitte in Ihr Heft,* warum Ihrer Meinung nach so viele eine möglichst schnelle Kommunikation bevorzugen.

In Extremfällen kann gezielte Beschleunigung aber noch drastischere Auswirkungen haben. So haben Untersuchungen gezeigt, dass viele tödliche Unfälle im Straßenverkehr ihre Ursache in rücksichtslosem Drängeln haben. Vor allem auf der Autobahn versuchen viele Raser, auf einen Ihrer Meinung nach zu langsam fahrenden Vordermann mit Hupen, Blinksignalen und aggressivem Auffahren Druck auszuüben. Häufig kommt diese »Fahr endlich schneller«-Botschaft auch dann, wenn der betroffene Lenker sich in einem Überholvorgang befindet und daher dem

Druck von hinten nicht ausweichen kann. Sieht nun der derart Bedrängte seine einzige Chance darin, auf das Gaspedal zu treten und die Geschwindigkeit stärker zu erhöhen, als er sich eigentlich zutraut, ist die Katastrophe oft vorprogrammiert. Am Ende wird er nämlich nicht der Einzige sein, der im Rausch der Geschwindigkeit die Kontrolle über sein Fahrzeug und im schlimmsten Fall auch sein Leben verliert.

Wann immer Sie in eine Situation geraten, in der ein Angreifer versucht, Sie mit Gewalt zur Beschleunigung zu zwingen:

Bleiben Sie in der eigenen Mitte.

Auch wenn es schwierig scheint, konzentrieren Sie sich ausschließlich auf Ihre eigenen Handlungen.

Versuchen Sie, jeden Druck von außen bewusst zu ignorieren.

Wenn nun Schnelligkeit auch nicht immer derart dramatische Folgen hat, bleibt es ein Naturgesetz: Häufig ermöglicht erst Geschwindigkeit die Zerstörung.

Stellen Sie sich einmal vor, zwei Kämpfer führten ihre Bewegungen ausschließlich in Zeitlupe aus. Welchen Schaden könnte dieses Verhalten bei einem Gegner anrichten?

Schreiben Sie die Antwort bitte in Ihr Heft. Auch dies ist eine Erkenntnis, die nicht nur für den Kampf gilt. Viele

Materialien sind so lange biegsam, wie die Formveränderung langsam ausgeführt wird. Verbiegt man sie aber mit einer einzigen unachtsamen Bewegung zu schnell, zerbrechen sie.

Ich möchte Ihnen dazu eine Zen-Geschichte erzählen, die das wunderbar illustriert: Eines Tages, so heißt es, war ein Zen-Meister unterwegs in eine nahe gelegene Stadt, als er hörte, wie sich von hinten Hufgeräusche näherten. Kurz darauf hielt neben ihm eine Kutsche. Der Kutscher, der offensichtlich in Eile war, rief ihm zu: »Sag schnell – wie weit ist es bis zur nächsten Stadt?« Der Mönch antwortete: »Wenn Ihr langsam fahrt, dauert es wohl dreißig Minuten. Fahrt Ihr aber schnell, so kann es zwei Stunden dauern.« – »Du Narr!«, schimpfte der Kutscher und trieb die Pferde zu einem schnellen Galopp an. Die Kutsche entschwand dem Blick des Mönches, und dieser folgte gemächlich seinem Weg auf der von Schlaglöchern übersäten Straße. Als er nach einer Stunde eine Stelle erreichte, an der ein besonders großes Loch klaffte, entdeckte er eine Kutsche im Graben, deren Vorderachse gebrochen war. Der Mönch sah sich um und erkannte den eiligen Kutscher, der gerade fluchend dabei war, die Achse zu reparieren. Als der Kutscher den Meister mit einem bösen, vorwurfsvollen Blick bedachte, sagte dieser nur: »Ich habe es Euch doch gesagt: Wenn Ihr langsam fahrt, dauert es eine halbe Stunde.«

Doch der Wunsch, Schaden zu vermeiden, ist nicht das einzige Motiv, das Leben bewusst langsamer angehen zu lassen und uns den ständigen Beschleunigungsversuchen durch unsere Gegner zu widersetzen.

> Geschwindigkeit hat aber noch mehr Nachteile wie den erhöhten Verbrauch von Energie.

Auch wenn Sie kein Auto besitzen sollten, ist Ihnen mit Sicherheit bekannt, dass der Treibstoffverbrauch zunimmt, je schneller ein Auto fährt. Eine Analogie, die für viele Bereiche des Lebens gilt:

> Je schneller wir etwas durchführen, desto mehr Energie kostet es.

Gleichzeitig wird, wie schon am Anfang erwähnt, ein hektischer Mensch als schwach wahrgenommen, während ein in sich ruhender den meisten als stark gilt. Ein Umstand, den ich besonders in jenen Seminaren beobachten kann, in denen ich die Teilnehmer trainiere, souverän vor anderen Menschen zu sprechen. Hier wiederholt sich am Anfang der Veranstaltung stets das gleiche Phänomen. Sobald ich jemanden auffordere, sich vor die Gruppe zu stellen und die Ergebnisse seiner Arbeit zu präsentieren, passiert Folgendes: Der Betreffende springt von seinem Stuhl auf und beginnt bereits im Gehen mit dem Rücken zum Publikum zu sprechen. Wären Sie nun an meiner Stelle als Trainer, was würden Sie dem betreffenden Teilnehmer raten? *Schreiben Sie es bitte in Stichworten auf.*

Meine Empfehlung lautet regelmäßig:

> Nimm dir Zeit für dich selbst.

Denn wenn ich selbst als Redner auf der Bühne stehe, macht es keinen Unterschied, ob ich vor zehn oder vor tausend Menschen spreche. Nachdem ich mich in meiner Position eingefunden habe, nehme ich mir ganz bewusst die Zeit, um dort anzukommen. Eine Geste, die übrigens auch vom Publikum honoriert wird, das sich in dieser Zeit mit mir vertraut machen kann, ohne darauf achten zu müssen, was ich sage. Umgekehrt untergräbt ein Redner, der bereits auf dem Weg zur Bühne mit seinem Vortrag beginnt, seine eigene Autorität. Wie viel Vertrauen in das, was er zu erzählen hat, kann jemand haben, wenn er sich von seinen schweigend wartenden Zuhörern zur Eile antreiben lässt? Wenn Sie aber ganz ehrlich sind: Wie verhalten Sie selbst sich in einer solchen Situation? Haben Sie tatsächlich die Ruhe, dem vermeintlichen Druck des Publikums endlos scheinende Sekunden standzuhalten, oder beginnen auch Sie schnellstmöglich zu reden? Versetzen Sie sich bitte in die Situation. *Bitte schreiben Sie das Ergebnis auf.*

Nun ist die Idee des »Noch schneller« natürlich nicht auf Bühnenauftritte beschränkt, obwohl man in dieser Situation dem Eiligen zugutehalten könnte, er wolle etwas möglichst rasch hinter sich bringen.

> Bei vielen zieht sich unbewusst die Idee der Beschleunigung durch das ganze Leben.

Schon als Kind fand ich es faszinierend, dass meine sehr geschätzte Großmutter, die immer mehr als nur rechtzeitig von zu Hause wegging, auch dann der Straßenbahn nachlief, wenn sie dadurch eine halbe Stunde zu früh an ihrem Ziel war. Bis heute frage ich mich, warum sie nicht einfach langsam gegangen ist und fünf Minuten später die nächste Bahn genommen hat. Es hätte ihr eine Menge Stress erspart, und sie hätte immer noch genug Zeit gehabt.

Wie ist das eigentlich bei Ihnen? Wenn Sie die Zeit hätten, noch drei Busse abzuwarten, gehen Sie dann bewusst langsam oder laufen Sie jenem Bus nach, der gerade signalisiert, die Haltestelle zu verlassen? *Notieren Sie es bitte in Ihr Heft.* Sollten Sie zufällig zu jenen Menschen gehören, die dem Bus nachjagen, *schreiben Sie bitte auch auf,* was die Wartezeit an der Haltestelle von der woanders verbrachten Zeit unterscheidet und ob der Vorteil tatsächlich den Stress rechtfertigt.

Generell frage ich mich immer wieder:

Wem außer unseren Gegnern nutzt die Beschleunigung?

Gut, wir sind früher mit etwas fertig oder kommen früher an, aber was tun wir dann? *Notieren Sie bitte in Ihr Heft,* wer etwas davon hätte, wenn Sie ab morgen Ihre Arbeit doppelt so schnell erledigen, ohne dafür im Gegenzug früher nach Hause gehen zu dürfen.

Mich erstaunt oft, wie sehr Schnelligkeit mittlerweile zu einem Merkmal unserer Zeit geworden ist. Das geht so weit, dass sie weitgehend unbemerkt zu einem fixen Bestandteil unserer Sprache geworden ist. Denken Sie nur einmal, ich erzählte Ihnen, ich würde nur noch langsam etwas fertig machen, dann hätte ich Zeit für Sie. Oder ich würde noch in Ruhe einem Kollegen etwas vorbeibringen oder langsam mit jemandem auf einen Kaffee gehen. Klingt eigenartig, nicht wahr? Weil es so ungewohnt ist. Denn jemandem noch schnell etwas erzählen, uns nur noch schnell anziehen oder vorher schnell jemanden anrufen ist etwas, das wir jeden Tag tun. Warum aber, so frage ich mich oft, empfänden wir es als Provokation, wenn uns jemand sagte, dass er etwas in Ruhe tut?

Meiner Meinung nach hat das alles mit dem Umstand zu tun, dass uns die Hetzerei derart zu einer alltäglichen Selbstverständlichkeit geworden ist. Daher fänden wir schon den Versuch eigenartig, wollte sich jemand aus diesem Spiel herausnehmen.

In China sagt man:

> Achte auf deine Gedanken,
> denn sie werden dein Schicksal.

Aber selbst jene, denen das alles bewusst ist, schaffen es oft nicht, sich gegen die Beschleunigung zu wehren. Alles muss immer noch schneller gehen. Am Ende, so scheint es, ist die Angst, etwas zu versäumen, stets größer als der Wunsch, den Augenblick zu leben.

Dabei bedeutet Entschleunigung überhaupt nicht, sich für alles ewig Zeit zu lassen. Es geht vielmehr darum, uns jenen Zeitdruck zu nehmen, den wir selbst oder unsere Gegner uns *machen*.

Es ist noch gar nicht lange her, da bekam man vor weitreichenden Entscheidungen oft den gut gemeinten Ratschlag, noch eine Nacht darüber zu schlafen. Eine durchaus sinnvolle Idee, die vermeiden sollte, dass wir aus einer Emotion heraus falsch entscheiden, weil wir die Fakten gerade nicht objektiv sehen können. Wie oft schon entpuppte sich ein vermeintlich verlockendes Angebot bei genauerem Hinsehen plötzlich als schlecht, nachdem wir die Zeit hatten, Alternativen zu bedenken?

Viele Gegner versuchen deshalb, ihre Opfer ganz bewusst unter Zeitdruck zu setzen, damit diese in der Hektik eine Fehlentscheidung zugunsten des Angreifers fällen. Ich hatte das oben bereits erwähnt. Eine besonders wirksame Art, die Wucht eines solchen Angriffs noch mittels einer Attacke auf die Gier zu verstärken, habe ich in Indien kennengelernt. Dort zwingen viele Hotels ihre Gäste dazu, die Zimmer über ein großes Internetportal zu buchen. Fragt man nämlich direkt an der Rezeption nach einem Preis, liegt dieser oft beim Doppelten oder Dreifachen dessen, was über das Internet gefordert wird. Als ich in der Folge entgegen meinen Prinzipien besagtes Portal besuchte, fand ich auch dort überraschend hohe Preise. Nur das Angebot eines einzigen Hotels war gut ein Viertel billiger und entsprach daher meinen Vorstellungen. Unter den Fotos der ansehnlichen Zimmer stand in fetten roten Buchstaben: »Dreizehn Leute sehen sich das gerade an. Nur noch 1 Zimmer zu diesem Preis verfügbar!« Durch diese Meldung unter Zeitdruck geraten, drückte ich umgehend den »Buchen«-Knopf. Das böse Erwachen kam, als ich bei der Ankunft den Aufenthalt bezahlen wollte. In der Hektik hatte ich nämlich übersehen, dass bei diesem einen Hotel die angeblichen »Inklusivpreise« keine Steuern und

Taxen enthielten, was auch den vermeintlich guten Preis erklärte. Am Ende hatte ich nicht wie angenommen das günstigste, sondern vielmehr das teuerste Hotel gebucht.

Ein Angreifer, dem es gelingt, uns zu einer übereilten Handlung zu bewegen, gewinnt.

Notieren Sie bitte die letzten drei Gelegenheiten, bei denen Sie eine in Eile getroffene Entscheidung später bereut haben.

Nun kann man mit etwas gutem Willen Entschleunigung durchaus lernen. Am besten beginnen Sie hierbei damit, ganz bewusst auf Ihren Atem zu achten. Dieser verrät nämlich nicht nur jedem aufmerksamen Gegner, ob Sie nervös oder entspannt sind; er beeinflusst auch sehr stark Ihren geistigen Zustand. Versuchen Sie nur einmal, eine Minute lang möglichst schnell zu atmen, und achten Sie darauf, was dabei passiert. Abgesehen davon, dass Ihnen wohl schwindlig wird, werden Sie bemerken, dass sich in Ihrem Kopf eine große, unkontrollierbare Unruhe auszubreiten beginnt. In Shaolin lehrt man:

> Schnelles Atmen erhöht unsere Aufmerksamkeit und auch unseren Stresspegel.

Atmen wir hektisch, so versetzen wir Körper und Geist in Alarmbereitschaft. Dadurch kommen wir in die Lage, schneller Entscheidungen zu treffen, beginnen aber auch sofort, diese zu hinterfragen. Umgekehrt haben Sie mit Sicherheit schon beobachtet, dass in unruhigen Zeiten auch

Ihr Atem schneller wird, was wiederum Ihren Herzschlag beschleunigt. Genau hier sitzt nun der Hebel, mit dem wir unsere eigene Geschwindigkeit kontrollieren können. Sobald Sie das nächste Mal bemerken, dass Sie zu schnell atmen und Ihnen das Herz bis zum Hals schlägt, zwingen Sie sich bewusst zu einer ruhigen Atmung. Sie werden feststellen, dass das am Anfang viel schwieriger ist, als Sie jetzt glauben, da man schnell das Gefühl bekommt, zu ersticken. Atmen Sie in so einem Fall trotzdem so langsam als möglich weiter. Sie werden bemerken, dass Ihr Herz und auch Ihr Kopf nach einiger Zeit dem Tempo Ihres Atems folgen und das Bedürfnis, schnell Luft zu holen, rasch nachlässt.

Wann immer Sie erkennen, dass Sie sich selbst beschleunigen wollen, überlegen Sie, warum Sie es tun.

> Treiben Sie sich niemals grundlos zur Eile an.

Denken Sie daran, dass am Ende, außer einem Kämpfer mit einer Waffe in der Hand, niemand anderer Sie beschleunigen kann, wenn Sie es nicht selbst tun. Egal, ob ein Kunde wartend in der Tür steht, die Katze laut miauend auf ihr Fressen wartet oder sich die Arbeit auf Ihrem Schreibtisch türmt: Entschleunigen Sie. Denn nur in der Ruhe liegt die Kraft.

Übungen

Was bedeutet es, »in Eile zu sein«?

_____

_____

_____

Ab welchem Punkt wird Beschleunigung sinnlos –
und wer legt das fest?

_____

_____

_____

Erzeugt ein schneller Herzschlag ein angenehmes Gefühl?

_____

_____

_____

Wie oft am Tag verwenden Sie das Wort »schnell«?

_____

_____

_____

_____

Das Geheimnis
eines glücklichen Lebens
liegt in der Entsagung.

(Mahatma Gandhi)

5
Der Weg des Sich-enthalten-Könnens

Wenn du es nicht von dir selbst bekommst,
woher dann wohl?
(aus China)

Lerne, dass du durch Gier viele Angriffe erst möglich machst

Einmal hatte ich in Shaolin die seltene Gelegenheit, mich mit einem Meister des japanischen Karate-Do zu unterhalten. Das war insofern besonders, als die Beziehungen zwischen China und Japan bis heute durch die Wirren der Geschichte beschädigt sind und daher über einen langen Zeitraum hinweg nicht allzu viele Japaner ihr Nachbarland besuchten. Im Laufe des Gesprächs kamen wir schließlich auf das Prinzip der Mönche zu sprechen, einem Kampf, wo immer möglich, aus dem Weg zu gehen. Eine Idee, mit der mein Gegenüber nichts anzufangen wusste.

»Ich bin ein Kämpfer«, meinte er, »und daher liebe ich es zu kämpfen. Warum sollte ich also auf etwas verzichten, zu dem mich mein Gegner geradezu einlädt?«

Diese Einstellung zeigt, wie sehr sich die Prinzipien der

asiatischen Kampfkünste im Laufe der Jahrhunderte voneinander entfernt haben. Wie die meisten Kampftechniken hat auch das Karate-Do seinen Ursprung in Shaolin. Als die Klosterbewohner einst im Auftrag des Kaisers aufbrachen, um die Küsten gegen japanische Piraten zu verteidigen, begann ihre Kampfkunst, sich auch außerhalb des chinesischen Reiches zu verbreiten. Die Japaner übernahmen die Techniken und entwickelten sie weiter. Doch beim Karate-Do wurde der Name schließlich Programm. Wer den »Weg der leeren Hand« ging, sollte seinen Gegner mit leeren Händen, also möglichst ohne Waffengebrauch, töten. Eine Sicht, die im Widerspruch zu den Idealen der Mönche von Shaolin stand, denen der kampflose Sieg als oberstes Ziel galt. Nur wer so gut kämpfen kann, dass er nicht mehr kämpfen muss, so lehrten die alten Meister, kann dem Kampf aus dem Weg gehen und sich der persönlichen Vervollkommnung widmen.

Während viele Kämpfer ihre mühsam erworbenen Fähigkeiten zu nutzen bestrebt sind, geht man in Shaolin den entgegengesetzten Weg des Verzichts. »Wer das Quanshu studiert«, heißt es im Kodex des Klosters, »der darf auf keinen Fall als Erster eine Schlägerei beginnen.«

Ein guter Kämpfer sollte davon absehen, sich mit einem Gegner zu messen.

Er muss die Begierde ablegen, alle zu übertrumpfen und von allen bewundert zu werden, und darf niemals den Kampf um des Kampfes willen suchen.

Dies ist ein Prinzip, dessen Einhaltung einem vieles erleichtern kann. Haben Sie sich schon einmal überlegt, wie viel Energie wir darauf verwenden, andere Menschen auch dort von unserer Meinung zu überzeugen, wo diese belanglos ist? Wann haben Sie das letzte Mal für so etwas Zeit verloren? *Schreiben Sie die Antwort bitte in Ihr Heft.*

Wie ein Kämpfer, der in einen sinnlosen Kampf geht, nur um einen anderen zu besiegen, sind wir oft nicht in der Lage, unser Umfeld tatsächlich nicht mit unseren Ansichten zu belästigen.

Haben wir uns zu einem Thema eine Meinung gebildet, wollen wir auch die Menschen rund um uns überzeugen. Wie weit sich eine derartige Besessenheit entwickeln kann, zeigt eindrucksvoll das Beispiel der Glaubenskriege. Wie viele Kriege werden nur geführt, um andere Menschen vom eigenen Glauben zu überzeugen? Welchen Unterschied macht es aber, ob Sie an denselben Gott glauben wie ich oder an einen anderen? *Notieren Sie die Antwort bitte in Ihr Heft.*

Seine wahre Ursache hat dieses Verhalten in der menschlichen Gier nach Bestätigung.

> Doch dieses ständige Verlangen nach Anerkennung macht uns gerade angreifbar.

Nehmen wir an, Sie wären der Meinung, Ihr Chef sei mit Ihrer Arbeit übermäßig zufrieden. Auch wenn er sich nie direkt dazu geäußert hat, haben Sie Grund zu der Annahme, dass dem so sei. Solange Sie unwidersprochen in diesem Glauben leben, sind Sie glücklich. Doch als eines Tages der Vorgesetzte einen Kollegen über die Maßen lobt, halten Sie es nicht mehr aus, und Sie sagen: »Dann hoffe ich einmal, dass Sie mit meiner Arbeit mindestens genauso zufrieden sind!« *Schreiben Sie bitte auf,* welche Antwort Sie jetzt erwarten.

Was geht aber in Ihnen vor, wenn Ihr Chef darauf nur sagt: »Im Großen und Ganzen bin ich es durchaus! Auch wenn es hier und dort sicher noch einiges Verbesserungspotenzial gibt.« *Schreiben Sie bitte auch Ihre Reaktion in Ihr Heft.*

> Durch die Gier nach Anerkennung bringen wir uns selbst in Situationen, die wir eigentlich vermeiden wollen.

Denn einmal ganz ehrlich: Wäre Ihnen die Antwort Ihres Vorgesetzten schon vorher bekannt gewesen, hätten Sie dann gefragt? Warum aber können wir es nicht einfach dabei belassen, mit der Überzeugung zu leben, ein anderer sei glücklich mit uns? Viel zu oft machen wir uns selbst angreifbar, weil wir eine Bestätigung bekommen wollen, die uns ein anderer nicht geben kann oder vielleicht auch gar nicht geben will. Ein geschickter Angreifer kann diesen Umstand durchaus effizient nutzen.

Stellen Sie sich einmal vor, Sie kündigen einem guten Bekannten an, ihm gleichsam als Vertrauensbeweis etwas sehr Persönliches erzählen zu wollen. Statt jedoch darum zu bitten, das Geheimnis erfahren zu dürfen, schüttelt Ihr Gegenüber den Kopf. »Wenn es wirklich so persönlich ist, dann will ich es eigentlich gar nicht wissen.« *Notieren Sie auch hier,* wie Sie sich fühlen und warum dem so ist. Eine zwar unangenehme, aber mit etwas Ehrlichkeit durchaus vermeidbare Situation. Schließlich ist die wahre Absicht, aus der Sie die Informationen preisgeben, weniger der Vertrauensbeweis als vielmehr die Hoffnung, vom anderen Aufmerksamkeit zu bekommen. Nicht der andere hat etwas verlangt, sondern Sie haben ungefragt etwas gegeben, um sich selbst interessant zu machen.

In Shaolin erzählt man sich dazu, dass eines Tages ein Mönch tief in Meditation versunken am Ufer eines ruhigen Flusses saß. Da kam ein Schüler des Weges und schenkte dem Meditierenden als Zeichen seiner Bewunderung, seiner Demut und seines Respekts zwei große, wertvolle Perlen. Um den Mann nicht in seiner Praxis zu stören, legte der Schüler ihm das kostbare Geschenk vor die Füße. Der Mönch öffnete die Augen, nahm eine Perle in die Hand und spielte mit ihr. In einem Moment der Unachtsamkeit glitt sie ihm aus den Fingern und fiel in den Fluss. Der Schüler erschrak kurz, dann riss er sich die Kleider vom Leib und tauchte nach dem verlorenen Schatz. Die Zeit verrann, und der Schüler stieg nach einigen Stunden vergeblicher Suche erschöpft aus dem Fluss. Nun nahm er seinen ganzen Mut zusammen und sprach den noch immer meditierenden Mönch an: »Meister, Ihr könnt Euch doch bestimmt daran erinnern, wo die Perle in den Fluss gefallen ist. Bitte zeigt mir die Stelle, damit ich die Perle für Euch suchen und wiederfinden kann!« Der Mönch nickte, nahm die zweite Perle aus dem Gras, warf sie in den Fluss und sprach: »Genau dort!«

Schreiben Sie bitte spontan auf, was Ihnen in der beschriebenen Situation an der Stelle des Schülers durch den Kopf gegangen wäre. Einen weiteren, nicht zu unterschätzenden Angriffspunkt stellt die weitverbreitete Angst dar, für unser Umfeld nicht wichtig zu sein. Wann immer jemand uns das Gefühl gibt, uns zu brauchen, fühlen wir uns geschmeichelt, und es geht uns gut. Eine Schwäche, die von einer ganz anderen Seite ausgenutzt wird, als man annehmen möchte. Mit Sicherheit ist Ihnen nämlich die Situation bekannt, in der Ihnen ein Blick auf Ihr Mobiltelefon verrät, dass Sie einen Anruf versäumt haben. Wie reagieren Sie? Die meisten Menschen rufen umgehend zurück. Der glückliche Gewinner ist die Telefongesellschaft, die dafür sorgt, dass der entgangene Anruf in Ihr Bewusstsein gelangt. Was ist nämlich, wenn Ihnen der Zurückgerufene mitteilt, dass sich der Grund seines Anrufes bereits erledigt habe? Möglicherweise meinen Sie jetzt, dass es bei dem Anruf durchaus um etwas Wichtiges gegangen sein könnte, und allein diese Annahme rechtfertige doch den Rückruf. Wie aber war das früher, als es weder Mobiltelefone noch Nachrichten über verpasste Anrufe gab? Damals, so erinnere ich mich, hätte der Anrufer es später einfach noch einmal probiert, wäre die Angelegenheit tatsächlich wichtig genug gewesen. Warum aber sollte das heute anders sein? *Schreiben Sie die Antwort bitte auf.*

Ganz ähnlich verhält es sich mit dem, was wir Besitz nennen. Ist es nicht so, dass vieles nur deshalb angeschafft wird, weil wir anderen Menschen etwas beweisen wollen?

Schreiben Sie bitte jene drei Dinge in Ihr Heft, von denen Sie glauben, dass ein Milliardär sie auf eine einsame Insel mitnehmen würde, auf der er von niemandem gesehen wird. Sollten auf Ihrer Liste jetzt weder das repräsentative Auto noch die sündhaft teure Uhr oder Markenklamotten stehen, dann lassen Sie uns die Sache einmal umgekehrt betrachten.

> Wenn Dinge dort unnötig werden,
> wo niemand sie sieht,
> welchen Zweck haben sie dort,
> wo sie gesehen werden?

Immer wieder beobachte ich, dass jemand etwas nur deshalb kauft, weil sonst ein anderer meinen könnte, der Betreffende könne sich den Erwerb nicht leisten. Dieses Phänomen beobachte ich auch, wenn ich erzähle, dass ich auf Reisen kleine, günstige Pensionen stets teuren Luxushotels vorziehe. Umgehend kommt in so einem Fall das Argument, ich sagte das doch nur deshalb, weil mir für das Übernachten in einer Nobelherberge das nötige Geld fehle. Lange Zeit habe ich argumentiert, dass ich als international tätiger Vortragsredner das große Privileg genieße, von meinen Kunden im Normalfall das beste Haus am Platz bezahlt zu bekommen. Bis ich mich irgendwann gefragt habe, wozu ich hier eigentlich meine Worte verschwende. Denn selbst wenn jemand aufgrund meiner Aussage der Meinung wäre, dass ich bitterarm sei, was würde das ändern? *Schreiben Sie es bitte auf.*

Einer der Gründe, weshalb das Shaolin-Kloster über die Jahrhunderte von den üblichen Überfällen und Plünderungen verschont blieb, war nicht zuletzt die Tatsache, dass man dort keine Schätze anhäufte. Auch die Mönche verfügten über keinerlei persönlichen Besitz. Zwar stand ihnen alles zur Verfügung, was sie zum Leben benötigten. Aber nach unseren Maßstäben waren sie dennoch arm.

So heißt es, dass eines Tages ein Schüler einen berühmten Meister besuchte und darüber staunte, wie einfach dessen Zimmer eingerichtet war. Nur ein Bett, ein Tisch und eine Bank. »Meister«, fragte der Schüler, »wo sind denn Eure Möbel?« Der Meister erwiderte: »Wo sind denn deine?« – »Ich bin nur auf der Durchreise«, sagte der Schüler. »Ich auch«, sagte der Meister, »ich auch.«

Denken Sie, dass man auf die besitzlosen Mönche herabgeschaut hätte? Was wäre gewesen, wenn man sie deshalb verlacht hätte? *Teilen Sie bitte eine Seite in Ihrem Heft* in zwei Spalten. Schreiben Sie dann auf die linke Seite fünf Nachteile, welche die Bewohner von Shaolin Ihrer Ansicht nach durch ihre Besitzlosigkeit hatten. Notieren Sie danach in der rechten Spalte fünf mögliche Vorteile. Wenn Sie nun die Vor- und die Nachteile miteinander vergleichen: Was überwiegt?

Grundsätzlich ist es ohnehin so, dass wir materiellen Besitz nicht halten können, so gerne wir uns das auch einreden. Immer wieder verfolge ich belustigt die Diskussionen darüber, was man am besten mit seinem Geld tun solle, um es möglichst unbeschadet durch noch zu erwartende Finanz- und sonstige Krisen zu bringen. Die einen meinen, man solle es in großen Scheinen zu Hause aufbewahren.

Andere empfehlen hingegen den Kauf von Immobilien oder eine Investition in andere Güter, da dies das Sicherste sei. Ich muss bei dieser Gelegenheit immer daran denken, dass meine Großmutter einen Onkel hatte, der so reich war, dass er ein ganzes Dorf besaß. Unglücklicherweise fand dieser Reichtum nach dem Zweiten Weltkrieg ein abruptes Ende. Als nämlich die kommunistische Regierung in der damaligen Tschechoslowakei die verhassten Reichen enteignete, war der einst so wohlhabende Mann gezwungen, seinen Unterhalt als Kofferträger in einem Prager Luxushotel zu verdienen. Ich glaube daher:

> Jeder Versuch, an Geld oder Gütern festzuhalten, ist zum Scheitern verurteilt.

Was also soll man tun?

Ich antworte auf die mir häufig gestellte Frage: »Was würdest du tun, wenn morgen früh dein gesamtes Geld weg wäre?«, eigentlich immer das Gleiche: »Ich würde morgen Nachmittag damit beginnen, zu schauen, wie ich neues verdienen kann.«

Nun bedeutet sich enthalten zu können natürlich nicht nur, Besitz erst gar nicht anzuhäufen.

> Enthaltung heißt auch, sich von allem lösen zu können, was einem nicht guttut.

Dabei geht es auch um Dinge, an die man oft gar nicht denken würde. So erlebe ich in meinem Bekanntenkreis immer wieder, dass jemand nicht in der Lage ist, sich aus einer Beziehung zu lösen, die ganz offensichtlich toxisch ist. Damit meine ich, dass es Konstellationen gibt, in denen zwei Menschen einander förmlich vergiften. Das sagt nichts über den einzelnen Partner aus, sondern allein darüber, dass die beiden in Kombination miteinander nicht leben können.

Bemerken wir aber, dass uns ein Mensch nicht guttut oder uns Energie raubt, statt sie zu geben, sollten wir umgehend darüber nachdenken, die betreffende Person aus unserem Leben zu entfernen. Das klingt vielleicht hart, ist es aber nicht. Mehr als irgendeiner anderen Sache müssen wir uns nämlich jener Dinge enthalten, die nicht gut für uns sind.

> Haben Sie den Mut loszulassen,
> was Ihnen nicht guttut –
> selbst andere Menschen?

Nun fällt uns das Loslassen aber gerade bei Menschen besonders schwer. Ich meine damit gar nicht das Beenden einer jahrelangen tiefen Beziehung. Vielmehr habe ich als Reisender immer wieder mit Erstaunen festgestellt, wie sehr sich selbst Personen, die sich eigentlich nicht wirklich kennen, aneinander klammern, wenn es darum geht, wieder auseinanderzugehen.

Auch ich habe in den Jahren, die ich auf der ganzen

Welt unterwegs war, viele Menschen kennengelernt. Mit manchen war die Bekanntschaft kurz und oberflächlich, mit anderen war ich tage- und manchmal sogar wochenlang unterwegs. Immer war jedoch allen Beteiligten klar, dass uns allein das Reisen verband und wir uns in unserer angestammten Umgebung wenig zu sagen hätten. So war jeder Abschied ein bewusster Abschied für das Leben. Ganz im Gegensatz zu den jungen Menschen, die ich heute treffe. Hatte man mit diesen bis vor kurzem Telefonnummern und E-Mail-Adressen ausgetauscht, von denen man nach einiger Zeit nicht mehr wusste, wer sich eigentlich dahinter verbarg, verbindet man sich heute in sogenannten sozialen Netzwerken. Was aber bleibt am Ende übrig, außer die Illusion, sich nicht verloren zu haben, und die Mühe, zumindest eine Zeit lang eine Beziehung aufrechtzuerhalten, die einem in Wirklichkeit nichts mehr bedeutet? Wann haben Sie zuletzt eine Telefonnummer oder Adresse notiert, obwohl Sie bereits wussten, dass Sie die betreffende Person nie wieder kontaktieren würden?
Bitte notieren Sie es in Ihr Heft.

Genauso habe ich mir vor Langem angewöhnt, Briefe, Mails, aber auch Messenger-Nachrichten sofort nach dem Lesen zu entsorgen, wenn diese einen persönlichen Inhalt haben. Dabei macht es keinen Unterschied, ob es sich bei dem Schreiben um eine Schimpftirade oder einen Liebesbrief handelt. Nun mögen Sie vielleicht denken, dass ich mich damit um die Möglichkeit bringe, liebevolle Worte in einer für mich schwierigen Situation noch einmal zu lesen. Auch wenn Sie damit natürlich recht haben, frage ich mich, worin liegt der Sinn, so etwas aufzubewahren? Der

Absender hat seine Worte genau in dem Moment gemeint, in dem er sie geschrieben hat. Was bringt es, sich mit einem Schreiben zu trösten oder zu kränken, das der andere so überhaupt nicht mehr verfassen würde?

Franz von Assisi hat einmal gesagt: »Alles, was ist, wie groß und gut es sei, besteht seine Zeit, erfüllt seine Zwecke und geht vorüber.«

> Lernen Sie in Ihrem eigenen Interesse,
> sich von dem zu trennen,
> was vergangen ist.

Sich enthalten zu können bedeutet, sich zufriedenzugeben. Es ist eine menschliche Eigenschaft, niemals von etwas genug zu haben, von dem wir mehr bekommen könnten.

Wohin das aber führt, sieht man eindrucksvoll bei jenen Menschen, deren einziger Lebenssinn selbst im hohen Alter darin besteht, Geld anzusammeln. Auch wenn manche schon so viel besitzen, dass sie es in zehn Leben nicht ausgeben könnten, hört die Gier nicht auf. Doch das gilt nicht nur für die Superreichen: Was viele bei den großen Spekulanten verlachen, tun sie vielmehr im Kleinen selbst. Statt sich über das zu freuen, was sie haben, schielen sie ständig auf das, was sie nicht haben.

> Dabei übersehen viele,
> wie sehr uns unsere Wünsche
> die Freude am Jetzt verderben.

Immer wieder habe ich Menschen getroffen, die meinten, den aktuellen Augenblick nicht genießen zu können, weil ihnen zum großen Glück noch etwas fehle.

Diesen Menschen erzähle ich gerne die Geschichte vom Fischer, der eines Tages in seinem Netz eine Flasche mit einem Bleiverschluss fand. Als er die seltsame Flasche öffnete, erschien ihm ein mächtiger Geist, der ihm anbot, ihm alle seine Wünsche zu erfüllen. Der befreite Geist sagte also zu dem Fischer: »Du hast drei Wünsche, die ich dir erfüllen werde. Was ist dein erster Wunsch?« Der Fischer dachte kurz nach, dann sagte er: »Ich möchte, dass du mir die Weisheit schenkst, bei den zwei anderen Wünschen die richtige Wahl zu treffen.« – »Es ist schon geschehen«, sagte der Geist. »Und was sind deine anderen Wünsche?« Der Fischer wurde kurz still. Dann sagte er: »Ich danke dir. Ich habe keine weiteren Wünsche mehr.«

> Glücklich macht uns,
> was wir haben,
> aber nie das,
> was wir glauben
> zu entbehren.

Ein letzter Punkt ist mir in diesem Zusammenhang noch wichtig: Der Weg des Sich-enthalten-Könnens lehrt uns auch, auf Rückschau zu verzichten. Was gewesen ist, können wir ohnehin nicht mehr ändern.

> Ein findiger Gegner
> kann seine Fähigkeit,
> uns zur Rückschau zu bewegen,
> als Waffe nutzen.

Viel zu leicht schwächen wir uns selbst, indem wir früher getroffene Entscheidungen infrage stellen.

Einer wahren Geschichte zufolge lebte in der Kolonialzeit im Süden Indiens ein junger Mann. Sein größter Traum war, einmal für die Briten als Sekretär zu arbeiten. Unglücklicherweise scheiterte der Plan ausgerechnet daran, dass der Bursche mangels Schulbildung weder lesen noch schreiben konnte. Also widmete er sich einer Tätigkeit, in der er wirklich gut war: Er begann zu fischen. Fand er anfangs mit seiner Arbeit nur ein schmales Auskommen, begann sich die Sache bald zu entwickeln, und er konnte zuerst Helfer einstellen und schließlich ein eigenes Unternehmen gründen. Als die Firma nach einigen Jahren zu einem richtigen Fischereikonzern herangewachsen war, fand der Mann, dass es nun an der Zeit wäre, das Unternehmen zu verkaufen. Bald war ein Käufer gefunden, und als der Fischer seine Unterschrift unter den Vertrag setzte, sagte er zum neuen Besitzer: »Sie können sich das vielleicht nicht vorstellen, aber ich bin richtig stolz, dass ich diesen Vertrag jetzt selbst unterschreiben kann. Bis vor Kurzem konnte ich nämlich weder lesen noch schreiben.« Der Käufer runzelte daraufhin die Stirn und sagte mitleidig: »Mein Gott … Stellen Sie sich nur einmal vor, was aus Ihnen geworden wäre, hätten Sie schon früher lesen und schreiben können!« – »Dann«, sagte der Mann, während er den Füller schloss, »wäre ich Sekretär geworden.«

> Siegen wie ein Shaolin bedeutet,
> sich mit niemand anderem zu messen
> als mit sich selbst.

Wir dürfen darauf vertrauen, dass alles, was wir jemals brauchen werden, bereits in uns vorhanden ist. Schließlich kann uns niemand anderer Glück und Freude schenken als wir selbst.

Übungen

Was bedeutet es, gierig zu sein?

_____
_____
_____

Ist es egoistisch, auf sich selbst zu schauen?

_____
_____
_____

Worin liegt der Unterschied zwischen einer Zusage und einem Versprechen?

_____
_____
_____

Was ist ein Freund?

_____
_____
_____

ÜBUNGEN

Kann man auf etwas verzichten, das man tatsächlich braucht?

___

Was heißt »mit jemandem in Kontakt bleiben«?

___

Wie lange gilt ein »Ich liebe dich«?

___

Dem sind keine
Grenzen gesetzt,
 der sie nicht hinnimmt.

(aus China)

6
Der Weg der Eigenverantwortung

*Wenn man mit gemeinen Leuten zusammen ist,
so kommt man in eine ranzige Atmosphäre,
wie wenn man einen Laden mit getrockneten Fischen
betritt. Mit der Zeit aber riecht man nichts mehr,
weil man sich selbst entsprechend verwandelt hat.
(aus China)*

Lerne, dass niemand dich einschränken kann außer du selbst

Während meiner diesjährigen Indienreise führte mein Weg in den südlichen Bundesstaat Kerala. Grund für diesen Abstecher war eine der wenigen Schulen, in der bis heute die lange verbotene Kampfkunst des Kalarippayattu gelehrt wird. Schon Bodhidharma, der legendäre erste Patriarch von Shaolin, soll der Überlieferung nach mit diesen Techniken vertraut gewesen und sie nach China gebracht haben. Dort entwickelten die Mönche sie zu dem weiter, was wir heute als Kung-Fu kennen.

Doch auch wenn viele Bewegungsabläufe, Tritte und Blöcke erahnen lassen, was später einmal in China aus ihnen werden würde, hat die indische Kampfkunst über die Jahrhunderte viele ihrer Eigenheiten bewahrt. So wird bis heute das Training nicht wie in Shaolin üblich im Freien oder in einer großen Halle durchgeführt, sondern in einem geschlossenen Raum. Auch dessen Größe von exakt vierzehn mal sieben Metern blieb über die Zeit unverändert. Zweck dieser räumlichen Beschränkung ist es, die Schüler zu zwingen, sich wirklich mit dem Gegner zu konfrontieren und nicht wegzulaufen, wenn es einmal eng wird. Der zweite auffällige Unterschied, den ich beim Training beobachten konnte, ist der, dass Kalarippayattu bis heute nach dem sogenannten Vollkontakt-Prinzip trainiert wird. Hierbei deuten die Übenden nicht wie in vielen Kampfsportarten üblich die Bewegungen nur an, sondern schlagen vor allem beim Schwertkampf mit voller Kraft zu. Als ich Meister Sunil fragte, ob er als Trainer denn nicht befürchte, dass einer seiner Schüler sich verletzen könnte, meinte er: »Vor dir stehen erwachsene Menschen. Sollen wir denn etwa auch in einem echten Kampf hinter ihnen stehen und die Verantwortung für ihr Handeln übernehmen? Wer nicht in der Lage ist, auf sich selbst zu achten, dem kann auch kein anderer helfen.« Ein Prinzip, das genauso alt ist wie die Natur selbst. Auch dort gibt es weder Gesetze noch andere Wesen, die schwache Kreaturen beschützen. Wer nicht auf sich selbst aufpasst, ist meist von vornherein unterlegen.

Nun beginnt Eigenverantwortung natürlich nicht erst dort, wo es zu einem Kampf kommt. So erzählt man sich in Shaolin, dass eines Tages ein Schüler zu seinem Meister kam und diesen fragte: »Meister, sagt mir, wie kann ich mich von dem, was mich an die Vergangenheit heftet, lösen?« Der Meister stand daraufhin auf, ging zu einem

Baumstumpf, umklammerte ihn und fragte: »Was kann ich tun, damit dieser Baum mich loslässt?«

Diese Geschichte möchte uns lehren:

Eigenverantwortung beginnt
bei unserer Einstellung.

Machen wir andere Menschen für unser Denken verantwortlich, dann haben wir verloren. Gleiches gilt, wenn wir glauben wollen, dass irgendwer anders Einfluss auf unser seelisches Wohlbefinden hat.

Möglicherweise entgegnen Sie jetzt, dass sich manches, das uns ein anderer angetan hat, so tief in uns eingegraben hat, dass es uns fast zwangsläufig nicht mehr loslässt. Wer aber könnte diesen quälenden Stachel beseitigen, wenn nicht Sie selbst? *Schreiben Sie die Antwort bitte in Ihr Heft.*

Im Buch »Das Shaolin-Prinzip«, in dem ich mich mit dem Thema Entscheidungen auseinandersetze, schreibe ich gleich am Anfang darüber, dass Menschen dazu tendieren, bei falschen Entscheidungen einen Schuldigen zu suchen. Dadurch glauben sie, ihre Fehler vor sich selbst verstecken zu können. Meist beginnen solche unglücklichen Überlegungen mit den Worten: »Ich habe das jetzt nur gemacht, weil du gesagt hast ...«

Das eigentlich Schlimme an dieser Denkweise ist: Wir suchen den Grund für unsere eigene Fehlentscheidung bei jemandem, dessen Verhalten wir nicht beeinflussen können. Weitergedacht bedeutet das aber, dass wir damit auch die Kontrolle über unser Handeln abgeben. Denn bei der nächsten Gelegenheit werden wir erneut falsch handeln und die Schuld dafür wieder beim anderen finden.

Die einzige Möglichkeit, aus diesem Teufelskreis auszubrechen, besteht darin, ganz bewusst die Verantwortung für das eigene Handeln zu übernehmen. Hat jemand mich vor vielen Jahren ganz böse gekränkt und trage ich diese Kränkung bis heute mit mir herum, so liegt der Fehler nicht bei dem anderen, sondern bei mir. Das, was mir vieles unmöglich macht, ist am Ende nämlich nicht die zugefügte Verletzung, sondern einzig mein Unwille, diese loszulassen.

Eine ganz andere Art der Eigenverantwortung beschreibt eine alte Geschichte. In dieser heißt es, dass vor vielen Jahren ein Akrobatenpaar lebte, das sehr ungleich war. Der Lehrer war ein armer Witwer, seine Schülerin ein junges Mädchen namens Meda. Tag für Tag traten die beiden auf der Straße auf, um ihren Lebensunterhalt zu verdienen. Ihre Aufführung bestand darin, dass der Lehrer eine lange Bambusstange auf seinem Kopf balancierte, an der das kleine Mädchen langsam hinaufkletterte. An der Spitze angekommen, blieb sie dort, während der Lehrer weiterging. Beide Darsteller mussten immer den Fokus und ihr Gleichgewicht wahren, um schwere Verletzungen zu vermeiden. Eines Tages sagte der Lehrer zu Meda: »Hör zu. Ab jetzt werde ich dich beobachten, und du wirst mich beobachten, damit wir uns gegenseitig helfen können, die Konzentration und das Gleichgewicht zu bewahren und einen Unfall zu vermeiden. Dann werden wir bestimmt genug verdienen, um zu essen.« Doch das Mädchen sah ihn nur an und sagte: »Lieber Meister, ich denke, es wäre besser für jeden von uns, wenn wir uns selbst beobachten. Sich um sich selbst zu kümmern bedeutet nämlich, sich um uns beide zu kümmern. Auf diese Weise bin ich mir sicher, dass wir Unfälle vermeiden und genug zum Essen verdienen werden.«

Sosehr man den Menschen auch nachsagt, Egoisten zu sein, zeigt diese Erzählung:

> Manchmal neigen wir dazu, mehr auf andere zu schauen als auf uns selbst.

Dieses Verhalten wird auch offensichtlich, wenn ein Text verfasst werden soll, der uns möglichst gut dastehen lässt. Wie viel leichter fällt es uns, eine Lobeshymne auf einen anderen zu schreiben, als einen Text zu verfassen, der uns selbst in ein gutes Licht rückt! »Der Schuster«, so sagt ein altes Sprichwort, »hat immer die schlechtesten Schuhe.« *Schreiben Sie bitte* drei Dinge in Ihr Heft, bei denen Sie in der letzten Zeit mehr auf andere geachtet haben als auf sich selbst.

Verstehen Sie mich aber bitte richtig. Ich meine damit nicht, dass wir uns nicht um unsere Mitmenschen kümmern sollen. Das halte ich in gewissem Maß sogar für eine Verpflichtung. Es ist jedoch ein großer Irrtum zu glauben, andere wären in der Lage, für uns Verantwortung zu übernehmen.

Denn nicht nur der große Erfolg der verschiedenen »Geiz ist geil«-Kampagnen beweist: Am Ende ist doch jeder sich selbst der Nächste.

Wer seine Eigenverantwortung leugnet, hinterfragt auch nicht mehr, ob andere Menschen tatsächlich immer in seinem Sinne handeln. Vielmehr gewöhnt er sich im schlimmsten Fall ganz ab, das Verhalten seiner Mitmenschen infrage zu stellen. Denn wer möchte, dass ein anderer die Verantwortung für sein Wohlergehen übernimmt, muss zwangsläufig davon ausgehen, dass dieser andere es wirklich gut mit ihm meint. Eine Einstellung, die in der Hand eines Gegners zu einer ausnehmend gefährlichen Waffe wird. Ich muss hier gar nicht das große Thema des wieder in Mode kommenden Überwachungsstaates bemühen, bei dem Politiker und Beamte teils schamlos ausnutzen, dass ihre Mitmenschen ihnen die Verantwortung für ihr Sicherheitsgefühl übergeben.

Denken wir nur an das Beispiel der sogenannten »Weltsprache« Englisch. Angesichts der Problematik, dass Menschen aus verschiedenen Gegenden der Welt sich im Extremfall gar nicht verständigen können, scheint der Gedanke, sie mit einer gemeinsamen Sprache zu verbinden, naheliegend. Da den meisten Menschen aber das Wissen darüber fehlt, welche der vielen Sprachen für so etwas geeignet wäre, überließen sie die Verantwortung der Wahl einfach anderen. Mit dem, objektiv betrachtet, überraschenden Ergebnis, dass nicht die eigens für diesen Zweck geschaffene Kunstsprache Esperanto das Rennen machte, sondern die Sprache eines real existierenden Volkes. Dennoch betrachten die meisten die mittlerweile so selbstverständlich gewordene Idee, Englisch als weltweit verbindende Sprache zu nutzen, als die beste. Dabei übersehen sie, dass sie dadurch anderen Menschen einen nicht zu unterschätzenden Vorteil einräumen: Eine Kunstsprache wäre für alle gleichermaßen fremd. Ein Gegner, der in seiner Muttersprache verhandelt, ist aber automatisch jedem überlegen, der gezwungen wird, eine Debatte in einer Fremdsprache zu führen. Auch stellt dieser äußerst kluge Schachzug sicher, dass die eigene Propaganda in möglichst jedem Land verstanden wird.

Tatsächlich handeln Menschen viel seltener zum Vorteil anderer, als wir meinen. In Wirklichkeit passiert das nicht einmal dort, wo es ganz offensichtlich danach aussieht. So kündigte vor gar nicht langer Zeit die Regierung meiner Wahlheimat Rumänien mit großem Pomp eine riesige Steuerreform an. Diese sollte, so das Versprechen, vor allem Menschen mit kleinen Einkommen helfen. Das Kernstück der Reform war die Senkung der Umsatzsteuer auf Lebensmittel von vierundzwanzig auf sieben Prozent. Ein Vorhaben, das von der Bevölkerung mit großer Begeisterung aufgenommen und bald darauf auch umgesetzt wurde. Was die meisten in ihrer Freude übersahen, war die Tatsache, dass die Steuersenkung am Ende kein Geschenk an die Wähler war, sondern langfristig einmal mehr den großen Konzernen zugutekam. Obwohl die Kunden am Anfang natürlich über die günstigen Preise jubelten, war den Marketingstrategen von Beginn an klar, dass die Käufer längst daran gewöhnt waren, viel mehr zu bezahlen. Folgerichtig stiegen die Preise nach kurzer Zeit wieder und erreichten bald das alte Niveau. Der einzige Unterschied, den die Reform gebracht hatte, war, dass das Geld statt in die Kassen des Staates in jene der Konzerne floss.

Wie aber, so fragen Sie sich jetzt vielleicht, könnte

Eigenverantwortung in diesem Fall aussehen? Sollte die Bevölkerung denn versuchen, so eine Steuersenkung zu verhindern? Keineswegs. Vielmehr ginge es darum, den ersten Händler, der versucht, die Preise wieder zu heben, umgehend zu boykottieren. Dann würden auch alle anderen verstehen, dass ein solches Verhalten auf Kosten der Kunden nicht akzeptiert wird.

Nun ist die Idee, dass Menschen selbst die Verantwortung für ihr Handeln und damit für ihr Leben übernehmen, häufig unerwünscht. Jemand, der Selbstverantwortung übt, ist nicht nur viel schwerer zu manipulieren, sondern auch anfälliger für Widerstandsideen gegen eine alles regulierende Obrigkeit.

Wohl auch deshalb ist es totalitären Systemen gemein, der Bevölkerung alles bis ins kleinste Detail vorzuschreiben. Die Menschen werden dadurch von Anweisungen abhängig, weil sie mit der Zeit verlernen, selbst zu entscheiden. Außerdem verstoßen Menschen, die nicht mehr über ihr eigenes Tun entscheiden, häufig unbemerkt gegen ihre moralischen Prinzipien.

So gibt es in Singapur einen Mann, der auf den Namen Darshan Singh hört. Niemand würde ihn kennen, hätte er nicht in einem Interview damit geprahlt, mindestens achthundert Menschen getötet zu haben. Den fünfhundertsten Toten, so erzählte er damals lachend, hätten er und seine Kollegen mit einer Flasche Chivas Regal gefeiert. Nun muss zu seiner Ehrenrettung gesagt werden, dass Herr Singh nicht als Auftragsmörder für irgendein Verbrecherkartell arbeitete, sondern fast vierzig Jahre als offizieller Henker des Stadtstaates tätig war.

Stellen Sie sich nun aber einmal vor, ich würde diesen Herrn ansprechen und ihn bitten, gegen ein Honorar einen mir unangenehmen Menschen aus der Welt zu schaffen. Wie würde er wohl reagieren? Ich nehme an, dass er mit starker Entrüstung zeigen würde, dass er doch kein Mörder ist! Dabei ist derselbe Mann nur ein paar Wochen darauf im Auftrag eines Richters bereit, einen Menschen zu töten, den er noch nie zuvor in seinem Leben gesehen hat.

Solche Übergriffe sind keineswegs auf Asien beschränkt. Denn auch ein Gerichtsvollzieher, der fremde Schulden eintreibt, weiß nicht, ob diese überhaupt rechtmäßig sind. *Schreiben Sie bitte* die Namen der drei wichtigsten Personen in Ihr Heft, die Sie dazu bringen könnten, gegen Ihre persönlichen Wertvorstellungen und gegen Ihr Gewissen zu handeln. Notieren Sie daneben, warum das so ist.

Wann immer von nun an jemand behauptet, er könne die Verantwortung für Ihr Handeln übernehmen, dann denken Sie daran:

> Mit Ihren Taten müssen Sie leben, niemand sonst.

Es gibt aber noch einen anderen Grund, weshalb unsere Gegner versuchen, uns in dem Glauben zu lassen, sie trügen die Verantwortung – obwohl es gar nicht so ist. Unsere Gegner wollen unsere Eigenverantwortung so klein wie möglich halten:

> Ohne Eigenverantwortung gibt es keine Veränderung.

Sie können sich das vorstellen, als stünden sich in einem Zweikampf zwei körperlich gleichwertige Kämpfer gegenüber. Der einzige Unterschied ist, dass der eine vor jeder Attacke auf einen Befehl seines Trainers wartet, da er nichts falsch machen möchte. Wer von beiden wird den Kampf wohl gewinnen?

> Jede Form der Eigenverantwortung beginnt damit, die Verantwortung für das eigene Denken zu übernehmen.

Tun wir etwas, was wir gar nicht tun wollen, sollten wir uns überlegen, warum wir glauben, es tun zu müssen.

Vor einiger Zeit hatte ich in diesem Zusammenhang eine Diskussion mit einem Freund, der sich über den Zwang beklagte, in Lokalen ein Trinkgeld geben zu müssen. Auch wenn er es oft gar nicht wolle, müsse er immer daran denken, dass der Kellner für seine freundliche Arbeit etwas extra zu bekommen habe. Nun mag er damit vielleicht sogar recht haben. Aber erlauben Sie mir bitte eine Frage: Haben Sie schon jemals in einem Kleidergeschäft, in dem Sie wirklich gut beraten worden sind, auch nur daran gedacht, an der Kasse den Preis für einen Mantel oder ein Paar Schuhe aufzurunden? Aber warum nicht?

Natürlich geht es mir hier nicht darum, ob Sie Trinkgeld geben sollen oder nicht. Ich möchte Sie vielmehr dazu auffordern, die tatsächlichen Gründe für Ihr Handeln zu hinterfragen. Nur dann können Sie Ihr Verhalten ändern. *Schreiben Sie bitte in Ihr Heft,* warum Sie in einem

Restaurant Trinkgeld geben, und notieren Sie daneben, warum Sie es in einem Kleidergeschäft nicht tun.

Der wahre Grund für Ihre unterschiedliche Großzügigkeit liegt sehr wahrscheinlich darin, dass Sie es einfach so gelernt haben. Irgendwann hat Ihnen jemand, den Sie als Autorität akzeptiert haben, gesagt, dass man in gewissen Situationen mehr bezahlt, als auf der Rechnung steht. Und seitdem handeln Sie danach.

Unglücklicherweise ist das eine Verhaltensweise, die wir bereits als Kinder lernen und als Erwachsene nur noch sehr schwer ablegen können. Gepflogenheiten hindern uns häufig daran, selbstverantwortlich zu handeln.

Wenn ein Mensch, dem wir glauben wollen, etwas behauptet, dann sehen wir meist keinerlei Grund mehr, diese Behauptung zu überprüfen oder zu hinterfragen. Eine üble Gewohnheit, die ein Gegner sehr leicht gegen uns verwenden kann. Stellen Sie sich einmal vor, Sie sitzen in einer Quiz-Show, und der Moderator wendet sich mit folgender Frage an Sie: »Das Kloster Shaolin liegt in der chinesischen Provinz … A: Hubei, B: Guangdong, C: Hunan oder D: Hebei?« Bevor Sie jetzt weiterlesen, entscheiden Sie sich bitte unbedingt für eine Antwort. Falls Sie jetzt auf Antwort C, also Hunan, getippt haben, liegen Sie leider falsch. Wie übrigens auch bei jeder der anderen drei Antworten. Shaolin liegt nämlich in der Provinz Henan. Vielleicht war es Ihnen ja sogar bekannt. Aber haben Sie wirklich darüber nachgedacht, dass möglicherweise keine der vier Antworten richtig und die tatsächlich richtige Antwort eine ganz andere sein kann? Wohl kaum. Viel zu sehr sind wir es gewohnt, uns innerhalb eines von außen

bestimmten Rahmens zu bewegen. Wenn ein ominöser »Gesetzgeber« uns heute verbietet, Haschisch zu rauchen, uns aber gleichzeitig gestattet, Alkohol zu konsumieren, dann nehmen wir das ohne Rückfrage hin. Selbst wenn uns bekannt ist, dass der soziale Gesamtschaden durch Alkohol um ein Vielfaches größer ist und diese Entscheidung auf reiner Willkür beruht. Warum aber geben wir anderen Menschen überhaupt das Recht, für uns zu entscheiden?
Schreiben Sie die Antwort bitte auf.

Eigenverantwortung meint nicht nur, selbstverantwortlich zu handeln und Handlungsanweisungen zu hinterfragen. Vielmehr müssen wir stets bedenken, dass wir auch für die Handlungen anderer Menschen verantwortlich sein können. Vor allem dort, wo wir diese durch unser eigenes Verhalten provozieren.

Das muss nicht einmal mit Absicht geschehen. Doch schon den Mönchen von Shaolin war es ein Anliegen, ihre Waffen möglichst versteckt zu tragen. Dahinter stand die Einsicht, dass die Demonstration von Gewaltbereitschaft, die eine Waffe nun einmal symbolisiert, auch bei unserem Gegenüber das Aggressionspotenzial erhöht.

Ich selbst erinnere mich noch gut daran, dass ich vor einigen Jahren ein Problem mit einem Vermieter hatte. Wir einigten uns auf ein Treffen, um die Unstimmigkeiten in einer friedlichen Besprechung aus der Welt zu schaffen. Kurz davor erfuhr ich jedoch, dass der Vermieter vorhatte, mit seinem Anwalt zu kommen. Verärgert über dieses als Angriff empfundene Verhalten, reagierte ich umgehend. Ich ließ mir von einem Juristen bestätigen, dass ich fremden Personen keinen Zutritt in das Haus gewähren musste, und bat eine befreundete Anwältin, bei dem Termin dabei zu sein. Als mein Gegner am Ende in Begleitung seines Neffen vor der Tür stand, der angeblich Rechtswissenschaften studierte, hatte der Vermieter durch sein provozierendes Verhalten bereits verloren. Meine Stimmung war von Anfang an so aggressiv, dass ich ihn förmlich überrumpelte und er das Treffen als Verlierer verließ.

Nicht zuletzt möchte uns das Prinzip der Eigenverantwortung noch etwas anderes lehren:

> Wir dürfen nie andere Menschen über unsere Gefühle bestimmen lassen.

Eines Tages, so heißt es, kam ein Mann nach Shaolin und bat darum, mit einem der Mönche sprechen zu dürfen. »Meister«, sagte er zu diesem, »Ihr müsst mir unbedingt helfen. Ich bin mit meiner Weisheit am Ende.« – »Was ist denn dein Problem?« erkundigte sich der Mönch. »Ich schaffe es kaum, meinen Ärger zu kontrollieren«, antwortete der Gast. »Es ist einfach die Art, wie die Leute sind: Ich sehe, wie sie andere kritisieren, während sie die eigenen Fehler nicht bemerken. Ich möchte sie nicht kritisieren, da ich nicht wie sie sein möchte, aber es regt mich wirklich auf.« – »Ich verstehe«, sagte der Meister. »Aber sage mir erst: Bist du nicht der Dorfbewohner, der letztes Jahr dem Tod nur knapp entkommen ist?« – »Ja«, nickte der Gast. »Es war eine schreckliche Erfahrung. Ich bin zu weit in den Wald gegangen und stieß auf ein Rudel hungriger Wölfe.« – »Und was hast du gemacht?« – »Ich bin gerade noch auf einen Baum geklettert, bevor sie mich erreichten. Die Wölfe waren riesig, und ich zweifelte nicht daran, dass sie mich in Stücke hätten reißen können.« – »Du warst also gefangen?« – »Ja. Ich wusste, dass ich ohne Wasser und Nahrung nicht lange auskommen würde, und so wartete ich, bis ihre Wachsamkeit nachließ. Immer wenn ich dachte, es sei sicher genug, kletterte ich herunter, rannte zum nächsten Baum und kletterte wieder hinauf, bevor sie mir zu nahe kamen.« – »Das hört sich nach einer richtigen Tortur an.« – »Das war es. Sie dauerte insgesamt ganze zwei Tage. Ich dachte, ich würde sicher sterben. Zum Glück fand mich eine Gruppe Jäger, sobald ich nah genug am Dorf war. Das Wolfsrudel zerstreute sich, und ich war gerettet.« – »Mich interessiert vor allem eine Sache«, sagte der Meister. »Während dieser Erfahrung, hast du dich von den Wölfen irgendwann beleidigt gefühlt?« – »Beleidigt?« – »Ja. Hast du dich von den Wölfen beleidigt oder verunglimpft gefühlt?« – »Natürlich nicht, Meister. Dieser Gedanke ist mir nie gekommen.« – »Warum nicht? Sie wollten doch nichts anderes, als dich beißen, oder? Sie wollten dich sogar töten, nicht wahr?« – »Ja, aber ... das ist nun einmal, was Wölfe tun! Sie waren einfach sie selbst. Es wäre absurd gewesen, mich beleidigt zu fühlen.« – »Exzellent! Behalte diesen Gedanken im Kopf, während wir uns noch mal um deine Frage kümmern. Andere zu kritisieren, während sie selbst ihre Fehler nicht bemerken, ist etwas, was viele Leute tun. Du kannst sogar sagen, es sei etwas, was wir alle von Zeit zu Zeit tun. In einem gewissen Sinn leben die gefräßigen Wölfe in jedem von uns. Wenn die Wölfe ihre Krallen zeigen und auf dich zukommen, solltest du nicht einfach stehen bleiben. Du solltest dich durchaus schützen, indem du von ihnen fortgehst, wann immer es möglich ist. Genauso solltest du es nicht passiv akzeptieren, wenn Leute mit giftiger Kritik auf dich losgehen. Auch hier musst du dich schützen, indem du Distanz zwischen dich und sie bringst. Der wichtigste Punkt dabei ist, dass du das tun kannst, ohne dich angegriffen oder beleidigt zu fühlen, da diese Leute einfach nur sie selbst sind. Es liegt in ihrer Natur zu kritisieren und zu richten, es wäre also absurd, daran Anstoß zu nehmen. Es macht keinen Sinn, wütend zu werden. Das nächste Mal, wenn die hungrigen Wölfe in Menschenhaut sich nähern, denke daran: Das ist einfach die Art, wie die Leute sind. Genau wie du es gesagt hast, als du hereingekommen bist.«

> Eigenverantwortung,
> so lehrt man in Shaolin,
> heißt sich selbst ernst nehmen.

Wer für sich selbst die Verantwortung übernimmt, der versteht, dass nicht seine Gegner ihn einschränken, sondern allein er selbst es tut, indem er es zulässt. Schließlich sind einzig demjenigen Grenzen gesetzt, der sie auch akzeptiert.

Übungen

Was genau bedeutet: »Das tut man nicht«?

_____

_____

_____

Wer kann einem freien Menschen Grenzen setzen?

_____

_____

_____

Sind Sie für meine Entscheidungen verantwortlich?
Warum?

_____

_____

_____

Warum finden es viele Menschen richtig, Schweine zu
essen, aber falsch, das Gleiche mit Hunden zu tun?

_____

_____

_____

ÜBUNGEN

Wann haben Sie das letzte Mal den Grund für Ihr Handeln hinterfragt?

_____
_____
_____
_____
_____

Wird etwas richtig, nur weil es alle tun?

_____
_____
_____
_____
_____

Wer entscheidet, was richtig und was falsch ist?

_____
_____
_____
_____
_____
_____

Sobald man
vor die Tür tritt,
findet man eine Vielzahl
von Feinden vor.

(aus Japan)

7
Der Weg des aktiven Widerstandes

Erst wenn man die Kraft zum Widerstand hat,
wird Nichtwiderstreben zur Tugend.
(Swami Vivekânanda)

Lerne, dass Nicht-Wollen allein zu keiner Veränderung führt

Bereits bei meinem ersten Besuch im Kloster Shaolin wurde mir eine besondere Ehre zuteil. Eines Abends führte mich Meister Shi De Cheng in einen Seitentrakt des Klosters, den ich bis dato noch nie betreten hatte. Nachdem wir den Haupttempel durch eine Seitentür verlassen hatten, erreichten wir eine Art Wohnbereich, in dem jeder Mönch über ein kleines Zimmer verfügte. Plötzlich stand ich in einem Raum, der exakt so aussah, wie ich mir die Behausung eines Mönches immer vorgestellt hatte. Es gab keinerlei Einrichtung außer einem Tisch, einem Stuhl und einem Bett. Darauf saß aufrecht im Lotussitz ein alter Mönch. Er musterte mich eine Weile schweigend, dann fragte er Shi De Cheng, wer ich sei und was ich wolle. Shi De Cheng stellte mich seinem Meister vor und erzählte ihm, dass ich ihn gerne etwas fragen würde. Der alte Mönch lächelte und bedeutete mir wortlos, auf dem Stuhl ihm gegenüber Platz zu nehmen und meine Frage zu stellen.

Ich erinnere mich noch gut an meine Nervosität, als ich ihn fragte: »Haben Sie jemals die Kampfkunst, die Sie hier im Kloster gelernt und gelehrt haben, auch in einem realen Kampf angewendet?« Ich war unsicher, ob diese Frage einem Menschen gegenüber, der sein Leben dem kampflosen Sieg verschrieben hatte, nicht mehr als unhöflich war, und entsprechend aufgeregt wartete ich auf eine Antwort.

Meister Shi Su Yun sah mich ernst an, nickte dann langsam und sagte: »Ja, das habe ich. Als die Truppen von Mao Zedong während der Kulturrevolution unser Kloster angegriffen haben, da haben meine Mitbrüder und ich uns ihnen mit aller Kraft entgegengestellt.« Eine Antwort, die mich damals zutiefst beeindruckt hat.

Doch blickt man in der Geschichte von Shaolin zurück, so stellt man schnell fest, dass es gerade diese Bereitschaft zu aktivem Widerstand war, die dem Kloster und den Mönchen über so lange Zeit hinweg das Überleben gesichert hat.

Bereits im dritten Jahrhundert, und damit lange vor der Ankunft des indischen Mönches Bodhidharma, fand eine Gruppe buddhistischer Mönche Zuflucht in den unzugänglichen Bergen des Songshan-Gebirges. Sie begannen, eine Festung zu bauen, welche die Klostergemeinschaft vor den sich bekriegenden Feudalherren und vor den grausamen Räuberbanden, die im Land umherschweiften, schützen sollte. Nachdem sie mithilfe der Bauern einen

Tempel errichtet hatten, der von einer massiven Steinmauer umgeben war, bepflanzten sie den Berggipfel mit jungen Kiefern, die dem Anwesen im Laufe der Jahre Schutz gegen den unablässigen Wind bieten sollten. Nach diesen benannten sie das Kloster: »Shaolin« – »Junger Wald«.

Schon bald kamen auf Einladung des Vorstehers, der sich die Aufgabe gestellt hatte, die Sicherheit des Klosters mit allen verfügbaren Mitteln zu garantieren, zwei Meister der Kampfkünste nach Shaolin und lehrten die Bewohner den Selbstschutz. Nach einiger Zeit verfügte die Klostergemeinschaft über eine eigene kleine, aber wirksame Einsatztruppe fähiger Kämpfer. Der Landbesitz des Klosters wurde erweitert, und sein Reichtum nahm zu. Als eines Tages eine große Räuberbande den Tempel in Erwartung einer leichten Beute überfiel, wehrten die Mönche den Ansturm nicht nur ab. Vielmehr vertrieben sie die Eindringlinge bis zum letzten Mann und machten darüber hinaus reiche Beute. Gerüchte über die Bergfestung und ihre schlagkräftigen Bewohner verbreiteten sich rasch im ganzen Land.

Als vier Jahrhunderte später ein in die Gefangenschaft seines eigenen Generals geratener Kaiser den Abt um Hilfe bat, entsandte dieser dreizehn seiner besten Männer. Diese Mönche lehrten wiederum die Bauern, ihr Ackerwerkzeug in tödliche Waffen zu verwandeln, und konnten am Ende mithilfe der Landbevölkerung den bedrängten Kaiser befreien. Ein Erfolg, der jenen Ruf begründete, den das Kloster sich bis in die heutige Zeit bewahrt hat.

Nun werden Sie vielleicht einwenden, dass die Zeiten doch lange vorbei sind, in denen jeder sein eigenes Schicksal in die Hand nehmen musste. An die Stelle von Mann gegen Mann auszutragenden Streitigkeiten sind heute vermeintlich Staatsgewalt und Gesetze getreten, die alles für uns regeln. Dabei waren sowohl die Gefangennahme des Kaisers als auch der Überfall auf das Kloster auch in der damaligen Zeit durchaus Straftaten. Ohne den beherzten Widerstand einiger weniger Menschen wären diese aber wohl dennoch für immer ungesühnt geblieben. Nicht umsonst sagt man in China: »Das Gesetz ist weit, die Faust ist nah.« Wer wartet, dass ein anderer ihm zu Hilfe kommt, der hat oft von vornherein verloren.

Nun ist das natürlich kein Aufruf zur Selbstjustiz. Ich möchte Sie vielmehr auf Folgendes aufmerksam machen:

Auch das strengste Gesetz kann Missstände nur beseitigen, wenn wir selbst aktiv werden.

»Wo kein Kläger, dort kein Richter«, lautet ein gern zitiertes Sprichwort, das die Sache sehr treffend auf den Punkt bringt. Menschen werden jedoch nur aktiv, wenn sie entweder aus ihrem Handeln einen persönlichen Vorteil ziehen oder explizit von anderen dazu aufgefordert werden. Alles andere nehmen sie meistens hin.

Schön zu sehen ist dieses Prinzip am Beispiel der obersten Gerichtshöfe. So kommt es in vielen Ländern vor, dass Regierungen Gesetze beschließen, die den Prinzipien der Verfassung widersprechen. Wird ein solches Gesetz erlassen, beginnen regelmäßig angeregte Diskussionen darüber, ob es einer Klage vor dem Verfassungsgericht standhalten würde. Die Einzigen, die sich in einen solchen Diskurs nie einbringen, sind jene Richter, die auf Antrag von außen die Bestimmung als verfassungswidrig einstufen könnten. Sollte man aber nicht gerade von ihnen erwarten, dass sie von sich aus lautstark auf die Unvereinbarkeit des Gesetzes mit der Verfassung hinweisen, anstatt schweigend abzuwarten, was passiert? Was nämlich würde geschehen, wenn niemand die Verfassungsrichter dazu aufforderte, im Sinne des Volkes zu handeln? *Schreiben Sie es bitte in Ihr Heft.*

Das Beispiel zeigt vor allem eines: Echter Widerstand bedeutet aktives Handeln, nicht passives Nicht-Wollen.

> Die Welt wird von jenen gelenkt,
> die etwas tun, und nicht von jenen,
> die schweigend ertragen.

Ich denke in diesem Zusammenhang an jenen vorgeblichen Umsturz in den Ländern des Orients, der später als »Arabischer Frühling« in die Geschichte eingehen sollte. Damals, im Dezember 2010, gingen zuerst in Tunesien und später in Ägypten Hunderttausende Menschen auf die Straße, um gegen die dortigen diktatorisch regierenden Machthaber zu demonstrieren. Gerade in Ägypten aber wurde deutlich: Als die Kundgebungen nach vielen Toten schließlich von Erfolg gekrönt waren und der ungeliebte Herrscher abgesetzt war, trat eine große Leere ein. Niemand hatte sich aktiv Gedanken darüber gemacht, wie es nach dem Umsturz weitergehen sollte. In überraschend klarer Konsequenz wurde der alte Diktator durch einen neuen ersetzt, und die Dinge laufen seither weiter wie bisher.

Was ich damit zeigen will?

> Ein Kampf ist nicht zu Ende, wenn der Gegner am Boden liegt, sondern erst dann, wenn wir aktiv die Kontrolle übernommen haben.

Doch Kraft, so hat Leonardo da Vinci einmal gesagt, wird aus dem Zwang geboren und stirbt an der Freiheit. Bis heute lehrt man daher in Shaolin: Wir müssen zu jedem Zeitpunkt bereit sein zu kämpfen.

Niemals darf die eigene Bereitschaft, einem Gegner Widerstand zu leisten, von äußeren Umständen oder der persönlichen geistigen Verfassung abhängen. Weder sollte die Unerträglichkeit einer Situation der Auslöser für Widerstand sein noch unkontrollierbare Emotionen wie Wut oder Hass. Genauso wenig sollten Veränderungen jemals eine zornige Reaktion auf ein Verhalten eines Gegners sein, sondern immer unserem aktiven Wunsch entspringen, dass etwas anders wird.

In allen anderen Fällen wären Sie wie ein Boxer, der nur zuschlagen kann, wenn er sich von seinem Gegner in die Ecke gedrängt fühlt oder ihn die Wut übermannt. Wenn so jemand auf einen Kämpfer trifft, der in jeder Sekunde zum Angriff bereit ist, wer würde dann wohl gewinnen? *Schreiben Sie es bitte in Ihr Heft.*

Wenn Sie jetzt denken: »Das mag ja alles sein, aber …«, dann haben Sie bereits mit diesem einen Wort Ihre potenziellen Gegner gestärkt. So sagt man in China:

> Ein Aber zerstört die Arbeit von zehn Jahren.

Auch in Shaolin erzählt man sich, dass eines Tages ein überforderter Mann in das Kloster kam, um sich Rat zu holen. Er sagte: »Ich weiß nicht mehr, was ich tun soll. Die Bürde des Lebens scheint mich zu erdrücken. Die tägliche Last wiegt so schwer auf meinen Schultern, dass ich einfach nicht mehr kann. Bitte sagt mir, was ich dagegen tun kann!« Der Mönch antwortete: »Das siehst du völlig falsch. Das Leben ist so leicht wie eine Feder.« Der Mann war sichtlich verzweifelt. Er schüttelte verständnislos den Kopf und fuhr fort: »Meister, entschuldigt meinen Einwand, aber Ihr seht das nicht richtig. Das Leben ist hart, und die vielen Aufgaben sind schwierig und anstrengend. Das Leben ist nicht leicht, das ist ein Irrtum!« – »Nein, du siehst es falsch. Das Leben ist leicht«, sagte der Mönch und sprach weiter: »Du bist es, der sich selbst die Last des Lebens jeden Tag aufs Neue auf die Schultern lädt!« – »Aber …«, entgegnete der Mann, als der Mönch ihn unterbrach und sagte: »Genau dieses Aber allein wiegt mindestens tausend Jin.«

Nach meiner persönlichen Erfahrung zählt das Wort »aber« gerade dort zu den stärksten Waffen, wo es darum geht, Widerstand zu brechen. Seine große Schlagkraft erhält es dadurch, dass der Angegriffene es gegen sich selbst verwendet und sich dadurch um eigentlich vorhandene Möglichkeiten bringt. Das Ergebnis sind dann Sätze wie: »Ich weiß schon, dass das düstere Aussichten sind, aber so schlimm wird es erstens nicht werden, und zweitens kann man doch eh nichts dagegen tun!« Zusätzliche Macht bezieht das kleine Wörtchen »aber« noch aus der Tatsache, dass es jede vorangegangene Aussage abschwächt.

Dabei behalten wir ohnehin immer den letzten Teil eines Satzes stärker im Gedächtnis als alles, was vorher gesagt wurde. Ein Umstand, den ein gewiefter Angreifer sehr leicht und effizient ausnutzen kann.

Nehmen wir an, bei einer Wahlveranstaltung sprechen die Vertreter zweier großer Parteien über die erreichten Ergebnisse. Der erste Redner tritt auf das Podest und sagt: »Obwohl Sie die Steuern gesenkt haben, wurden die Abgaben erhöht.« Daraufhin entgegnet der zweite: »Sie sehen das falsch, Herr Kollege! Obwohl die Abgaben erhöht wurden, haben wir die Steuern gesenkt!« *Notieren Sie bitte,* welchem der beiden Politiker spontan Ihre Sympathie gehört.

Kommt nun, geschickt platziert, das Wort »aber« hinzu, multipliziert das die Schlagkraft des Angriffs. Betrachten Sie dazu bitte einmal die folgenden beiden Sätze: »Du bist ein Idiot, aber ich liebe dich.« Und: »Ich liebe dich, aber du bist ein Idiot.« *Schreiben Sie bitte* auch hier spontan auf, welcher Satz auf Sie provokanter wirkt.

Doch nicht nur das kleine Aber kann Widerstand brechen. Eine andere, hochwirksame Angriffstechnik, jede Form von Widerstand gar nicht erst aufkommen zu lassen, besteht darin, Menschen gegeneinander aufzuhetzen.

> Wer dafür sorgt, dass seine Gegner
> sich untereinander bekämpfen,
> hat von diesen nichts mehr zu befürchten.

Die Kombattanten sind mit sich selbst beschäftigt, und alles andere gerät ebenso aus dem Blickfeld wie die wahre Absicht des Angreifers. Eine Technik, die schon die alten Römer unter dem Namen »Divide et impera! – Entzweie und herrsche!« gekannt haben. »Wenn zwei sich streiten, freut sich der Dritte«, sagt man hierzulande. Das Ziel ist in beiden Fällen das gleiche: Zwei Gruppen, die sich gegeneinander wenden, statt sich vereint gegen den gemeinsamen Feind zu stellen. Ob Flüchtlinge, sozial Schwächere oder politisch Andersdenkende: Wenn das nächste Mal jemand versucht, Sie gegen einen Dritten aufzubringen, mit dem Sie persönlich gar nichts zu tun haben, dann treten Sie einen großen Schritt zurück. Betrachten Sie die Angelegenheit einfach in Ruhe aus der Distanz, und Sie werden sehr schnell feststellen, wer Ihr wirklicher Gegner ist. Auch hier gilt:

> Wer die Tatsache des Kampfes akzeptiert,
> geht viel seltener in die Falle.

Lassen Sie mich zur Illustration dieser Technik noch einmal kurz auf das vorhin angesprochene Thema der Satzstellung zurückkommen. Mit deren Hilfe kann ein gewitzter Angreifer nämlich die Wahrheit verdrehen, ohne dabei zu lügen.

Angenommen, ein Erwachsener, der das Vertrauen eines Kindes in seine Eltern untergraben möchte, sagt zu dem Kind: »Du bist groß, aber du bist sehr schwer!« Dieses geht nun gekränkt nach Hause und berichtet seiner Mutter davon. Die wiederum ruft voller Zorn den betreffenden Erwachsenen an. Mit dem Vorwurf konfrontiert, meint der nur: »Ich habe gesagt, er ist sehr schwer, aber er ist groß!« Glauben Sie, dass die Mutter die sinngemäß exakt gleiche Aussage durch die umgekehrte Satzstellung als genauso kränkend empfindet wie das Kind? Oder wird sie zu diesem sagen: »Jetzt hab dich mal nicht so«? *Schreiben Sie es bitte auf,* und notieren Sie darunter, wer sich in diesem Fall mit wem verbünden wird. Die Mutter mit dem Kind, von dem Sie nun glaubt, dass es übertreibt, oder die Mutter mit dem Erwachsenen, der damit gewonnen hätte?

Viele fallen auf solche Tricks herein, weil sie manches nicht wahrhaben wollen.

> Viel zu gerne verleugnen wir Wahrheiten, die uns nicht genehm sind.

Entsprechend oft bekomme ich von Menschen, die ich darauf anspreche, zu hören: »Warum sollte uns denn jemand auf diese Weise provozieren?«

Hier lehrt uns der Weg des aktiven Widerstandes das genaue Gegenteil. Wir sollten besser fragen: »Wenn es so offensichtlich funktioniert, warum sollte der andere es dann nicht tun?«

Ich habe schon am Anfang dieses Buches geschrieben, dass der Weg zum kampflosen Sieg über die Erkenntnis führt, dass wir akzeptieren:

> Nicht alle Menschen meinen es zwangsläufig gut mit uns.

Immer häufiger habe ich den Eindruck, dass viele Menschen Angst haben, dem ständig steigenden Druck und den Anforderungen der Gesellschaft nicht mehr standhalten zu können. Auch in Beratungsgesprächen sagen mir Klienten oft, dass sie sich wie Fremde in ihrem eigenen Leben fühlen. Gleichzeitig aber haben sie das Gefühl, jeder Widerstand sei zwecklos, da sie ja ohnehin nichts ändern könnten. Wer aber, so frage ich mich, sollte dann etwas ändern können? Falls auch Sie so denken, vergessen Sie bitte eines nicht: Die einzige Person, die über Ihr Leben entscheiden kann, sind ganz alleine Sie!

> Nehmen Sie Ihr Leben
> in die eigenen Hände und
> leisten Sie Widerstand,
> wo immer Ihnen etwas nicht passt.

Beginnen Sie mit dem Verändern zur Not auch allein. Vertrauen Sie darauf, dass sich bald andere Menschen finden werden, die Sie auf Ihrem Weg begleiten.

Ob als Einzelner oder zu mehreren, jede Form der Gegenwehr beginnt damit, das eigene Verhalten zu hinterfragen. Immer wieder höre ich beispielsweise Klagen darüber, wie rücksichtslos die Fleischindustrie unseren Planeten zerstört. Wie bei vielem wird auch hier der Ruf nach Gesetzen laut, die diese offenbar außer Kontrolle geratene Industrie wieder in den Griff bekommen sollen.

So logisch diese Forderung auf den ersten Blick erscheinen mag, zeigt sie doch das tatsächliche Dilemma:

> Wir verlassen uns viel zu oft darauf, dass andere richten, was wir nicht richten wollen.

Das kann aber keine Lösung sein. Zumal häufig gerade jene, die nach diesen Regularien schreien, das beanstandete Verhalten noch unterstützen. Warum hört jemand, dem die Nebenwirkungen der Fleischindustrie nicht gefallen, nicht zuerst einmal selbst damit auf, Fleisch zu essen? Stopft ihm denn jemand unter Zwang das Fleisch in den Mund?

In Shaolin sagt man:

> Bevor du dich daranmachst,
> die Welt zu verbessern,
> gehe dreimal durch dein eigenes Haus.

Wann immer wir von anderen Menschen verlangen, gegen etwas aufzubegehren, sollten wir vorher ehrlich prüfen, was wir selbst gegen den unerwünschten Umstand tun.

Viel häufiger, als dass Widerstand scheitert, kommt es

nämlich vor, dass er erst gar nicht entsteht. Das passiert vor allem dort, wo alle Beteiligten davon ausgehen, dass sich die anderen schon um die notwendige Veränderung kümmern werden. Unser eigenes Nichtstun, so hoffen wir gerne, werde schon in der Menge der Eifrigen untergehen.

In einer chinesischen Parabel heißt es, dass ein junges Paar heiraten wollte. Da sie ihr Glück mit möglichst vielen Menschen teilen wollten, beschlossen die beiden Partner, zur Hochzeit sämtliche Freunde und zahlreiche Bekannte einzuladen. Allerdings ließ ihre Armut keine größere Feier zu. Also überlegten sie, wie sie ihren Gästen trotzdem ein schönes Fest bieten könnten. Sie ließen alle Eingeladenen wissen, dass sie keine Geschenke erwarteten. Sie würden sich vielmehr über eine Flasche Wein freuen, welche in ein großes Fass gegossen werden sollte, aus dem alle Gäste ihr Glas füllen könnten. Zur Feier kamen die Geladenen mit jeweils einer Flasche, deren Inhalt sie in das große Fass beim Eingang zum Festsaal leerten. Schließlich war das Fass gefüllt. Dann wollte das Brautpaar mit seinen Freunden und Bekannten auf sein großes Glück anstoßen. Die Kellner füllten beim Fass ihre Krüge und damit die Gläser der Gäste. Plötzlich kippte die fröhliche Stimmung in Entsetzen und große Verlegenheit um. Als die Kellner die Gläser der Gäste füllten, stellte sich nämlich heraus, dass es sich dabei um Wasser handelte. Alle Gäste hatten statt Wein eine Flasche Wasser mitgebracht in dem Glauben, es werde nicht weiter auffallen.

Sehr häufig erstickt bereits diese Denkweise jede Möglichkeit von Widerstand im Keim. So habe ich immer wieder darüber nachgedacht, wie Konsumenten den großen

Ölfirmen Paroli bieten könnten, die zwar jede Preiserhöhung sofort an den Kunden weitergeben, Preissenkungen hingegen, wenn überhaupt, nur sehr zögerlich.

Am einfachsten wäre es natürlich, alle Menschen würden an einem bestimmten Tag davon absehen, ihr Auto zu betanken. Eine Idee, die zwar schön, aber gleichzeitig illusorisch ist. Es gibt einfach zu viele, die täglich auf ihren fahrbaren Untersatz angewiesen sind. Tatsächlich ist es aber gar nicht notwendig, dass jemand auf etwas verzichtet. Schließlich wäre es gerade in Zeiten der allgemeinen Vernetzung ein Leichtes, die Kunden dazu aufzurufen, am Tag X die Tankstellen einer bestimmten Marke zu meiden. Niemand müsste also Verzicht üben oder sein Auto stehen lassen. Allein die Zapfsäulen eines einzigen Unternehmens sollten an diesem einen Tag stillstehen. Gelänge eine solche Aktion auch nur einziges Mal, wäre es von da an ausreichend, einen solchen Boykott anzukündigen, und die Unternehmen würden vor der Macht der Konsumenten zittern. In Wahrheit müssen sich die Preisverantwortlichen der Ölfirmen aber keinerlei Sorgen machen. Sie dürfen vielmehr getrost davon ausgehen, dass in der Theorie zwar alle diese Aktion unterstützen. Geht es aber an die praktische Umsetzung, werden zu viele selbst einen Umweg von fünfzig Metern scheuen und wie gewohnt dort tanken, wo sie es auch sonst immer tun.

Theoretisch könnte eine unzufriedene Gruppe von Menschen also all ihre Probleme aus der Welt schaffen. Doch mangelnder Zusammenhalt und Gier machen es den Opfern oft unmöglich, sich gegen die ihnen in diesem Punkt überlegenen Angreifer zur Wehr zu setzen. Umgekehrt wäre es nämlich durchaus denkbar, dass an dem im Beispiel genannten Tag der Treibstoff an allen anderen Tankstellen, die von dem Boykott profitieren wollen, plötzlich teurer würde. Denn im Gegensatz zu den Konsumenten sind ihre Gegner durchaus in der Lage, zusammenzustehen.

Wie nun dargelegt, dürfen wir nicht darauf hoffen, dass jemand anders unsere Probleme löst.

Der Weg des aktiven Widerstandes
bedeutet, zu überlegen,
was wir selbst tun können.

Hier gilt es zuallererst, alles zu entfernen, was uns schwächt oder kleiner macht. Den Anfang macht man am besten damit, dass man sein Denken in Ordnung bringt und seine Sprache bereinigt. Diese verfügt nämlich neben dem Wort »aber« über unzählige weitere Ausdrücke, deren einziger Zweck darin besteht, uns hinunterzuziehen. Welchen Sinn hat es, von »denen da oben« zu sprechen, wenn von Regierung und Beamten die Rede ist? Es erzeugt in unserem Kopf ein Bild der Wehrlosigkeit. Wer genau sind die »oberen Zehntausend«? Menschen, zu denen wir aufblicken sollen? Auch anonyme Begriffe wie »Gesetzgeber«, »Finanz-« oder »Staatsgewalt« erzeugen ein Bild eines nicht greifbaren und damit unbesiegbaren Gegners. *Schreiben Sie bitte* fünf weitere Ausdrücke dieser Art in Ihr Heft, und versuchen Sie, deren Verwendung von nun an zu vermeiden.

> Wer sich gegen einen Angriff
> nicht umgehend zur Wehr setzt,
> der provoziert den Gegner,
> noch weiter zu gehen.

Bewusst geworden ist mir das, als ich einmal in Indien ein Pferd mit zusammengebundenen Vorderbeinen gesehen habe. Dadurch sollte verhindert werden, dass das unbeaufsichtigt grasende Tier weglaufen konnte. Nun mag das Pferd beim ersten Mal noch nicht gewusst haben, welche Einschränkungen und Qualen mit dieser Prozedur einhergehen. Aus dieser Unwissenheit heraus hatte es das Zusammenbinden wohl ohne Gegenwehr über sich ergehen lassen. Beim zweiten Mal hingegen musste dem Tier doch klar gewesen sein, was da gerade geschah! Dennoch habe ich das Pferd auch am nächsten Tag in einer ganz ähnlichen Situation vorgefunden, nur dass diesmal die Schnüre etwas weiter oben befestigt waren. Offensichtlich war die Angst, die das Tier mit Sicherheit empfunden hatte, noch immer nicht stark genug gewesen, als dass es sich mit einem kräftigen Huftritt zur Wehr gesetzt hätte.

> Geschickte Angreifer testen erst einmal,
> wie weit sie gehen können,
> bevor sie auf Widerstand stoßen.

Erst wenn sie merken, dass ein Angriff keine Gegenwehr zur Folge hat, gehen sie den nächsten Schritt.

Einmal hatte ich in einem Hotel in Asien das Gefühl, die Rezeptionistin hätte mir beim Bezahlen bewusst zu wenig Geld zurückgegeben. Entgegen meiner sonstigen Gewohnheit begann ich, das erhaltene Geld vor ihren Augen zu zählen. Ich war noch nicht einmal bei der Hälfte der Scheine angelangt, als die Frau plötzlich nervös meinte, sie müsse sich wohl geirrt haben, und ohne mein weiteres Zutun die fehlenden Scheine ergänzte. Nun werden Sie vielleicht meinen, dass es doch selbstverständlich sein sollte, unsere eigenen Handlungen und die unserer Mitmenschen zu hinterfragen und zu kontrollieren. In diesem Fall hätten viele Angreifer tatsächlich ein schwereres Spiel. Tatsache ist aber, dass Menschen ganz im Gegenteil möglichst den Weg des geringsten Widerstandes gehen. Für die eigene Bequemlichkeit vertrauen sie, wo sie nicht vertrauen sollten, und stimmen zu, wo es zu widersprechen gälte.

> Der bequemste Weg,
> so wissen unsere Gegner,
> ist immer noch der,
> den alle gehen.

Das aber ist mitlaufen, statt sich entgegenzustellen. Wozu aber auch selbst nachdenken, wenn man Meinungen einfach nachplappern kann?

Der Weg des aktiven Widerstandes lehrt uns das genaue Gegenteil.

> Widerstand bedeutet,
> Dinge gerade dort zu hinterfragen,
> wo die Antwort unangenehm ist.

So stelle ich in Diskussionen gerne die Frage, mit genau welcher Handlung wir eigentlich die Gesetze und die Gerichtsbarkeit unseres Heimatlandes anerkannt haben. Wenn wir in ein anderes Land einreisen, dann akzeptieren wir damit die örtlichen Bestimmungen. Womit genau aber haben wir jemandem das Recht gegeben, über unser Leben und unsere Freiheit zu bestimmen? *Schreiben Sie die Antwort bitte in Ihr Heft.*

Am Ende lehrt uns das Prinzip des aktiven Widerstandes, dass unsere Gegner immer so weit gehen, wie sie gehen können. Wer Eindringlingen keine Grenzen setzt, muss damit rechnen, dass diese es sich irgendwann in seinem Leben gemütlich machen. Und sobald man vor die Tür tritt, so wussten schon die alten Samurai, findet man ohnehin eine Vielzahl von Feinden vor.

Übungen

Womit machen Sie selbst Ihre Gegner stark?

_____

_____

_____

Darf man gegen ein Gesetz Widerstand leisten?

_____

_____

_____

Wer meint es ausschließlich gut mit Ihnen?

_____

_____

_____

Wie genau kann »die Gesellschaft« etwas ändern? Wer tut in diesem Fall was?

_____

_____

_____

Furcht ist der Gegner,
der einzige Gegner.

(Sunzi)

8

Der Weg des Selbstvertrauens

Wenn die Wurzeln tief sind,
braucht man den Wind nicht zu fürchten.
(aus China)

Lerne, dass du anderen als der erscheinst, als der du selbst dich siehst

Einmal im Jahr biete ich meinen Lesern die Möglichkeit, mich mit öffentlichen Verkehrsmitteln quer durch China zu begleiten. Höhepunkt dieser Tour ist ein Besuch im Kloster Shaolin. Dort zeigen – in der mittlerweile zu einem Show-Zentrum umgebauten alten Trainingshalle – junge Schüler der Taguo-Schule einen beeindruckenden Querschnitt durch die jahrhundertealte Kunst des waffenlosen Kampfes. Nach der Vorführung entspinnt sich jedes Mal eine lebhafte Diskussion. Was bedeutet es nun, so gut kämpfen zu können, dass man nicht mehr kämpfen muss? Frage ich meine Mitreisenden, wer von ihnen gegen einen der Mönche kämpfen wolle, ist die Antwort betretenes Schweigen. Nach dem, was soeben gezeigt wurde, ist viel zu klar, welches Ende eine solche Auseinandersetzung nehmen würde. Sind es aber allein die kämpferischen Fähigkeiten, die den Mönchen von Shaolin ihre Überlegenheit sichern? *Schreiben Sie Ihre Meinung bitte in Ihr Heft,* bevor ich Sie einlade, sich mit mir auf ein kurzes Gedankenexperiment einzulassen.

Nehmen wir einmal an, zu der Gruppe, die gerade ihr Können gezeigt hat, gesellte sich ein älterer Mönch. Seine aufrechte Haltung, der erhobene Kopf und der klare Blick lassen erahnen, dass er weiß, was er tut und kann. Während die Jungen angeregt über Kampftechniken diskutieren, steht der Ältere nur daneben und hört aufmerksam zu. Nun haben Sie diesen Mann weder jemals kämpfen sehen, noch wissen Sie sonst etwas über ihn, außer dass er eine erstaunliche Ruhe und Kraft ausstrahlt. Die Reiseteilnehmer frage ich an dieser Stelle: Würdet ihr euch darauf einlassen, mit ihm zu kämpfen? *Schreiben Sie auch die Antwort auf diese Frage in Ihr Heft.*

Wenn Sie dem Kampf aus dem Wege gingen, notieren Sie bitte darunter, was Sie zu dieser Entscheidung bewegt. An den kämpferischen Fähigkeiten Ihres Gegners kann es nicht liegen, weil Sie nichts über diese wissen. Ich denke eher, es ist die Ausstrahlung des Mönches, die Sie vor einer Konfrontation zurückschrecken ließe.

> Es ist nicht wichtig, wer oder was jemand ist.
> Es zählt allein, was wir glauben, dass er ist.

Das erklärt auch, warum wir manchmal respektvoll zurückweichen, wenn jemand den Raum betritt, den wir noch nie zuvor gesehen haben.

Nun behandeln wohl auch Sie einen Menschen anders, je nachdem, wie er angezogen ist, wie er sich bewegt und welchen Eindruck er ganz allgemein macht. Es macht einen Unterschied, ob jemand ein erfolgreicher Rechtsanwalt oder Arzt zu sein scheint – oder Sie ihn für einen Bergarbeiter halten. *Schreiben Sie bitte in Ihr Heft,* warum das so ist.

Dieses Prinzip demonstriere ich gerne am Anfang meiner Seminare anhand einer Übung. Ich bitte die Teilnehmer, die sich zu diesem Zeitpunkt noch nicht kennen, sich einen Partner für diese Übung zu suchen. Dann bekommen alle fünf Minuten Zeit, in denen ein jeder sich schweigend mit seinem Gegenüber befasst und einen ersten Eindruck zu gewinnen sucht. Was macht der andere beruflich? Hat er studiert oder sein Wissen anders erworben? Ist er in einer Führungsposition? Reist er gerne? Welche öffentlichen Personen könnten ihm Vorbild sein? Ziel der Übung ist nun ausdrücklich nicht, den Tatsachen möglichst nahe zu kommen, indem man die richtigen Antworten gleichsam errät. Vielmehr soll beim anschließenden Austausch der jeweilige Übungspartner ehrlich gespiegelt bekommen, welchen Eindruck er bei anderen Menschen hinterlässt. Für das größte Erstaunen sorgt am Ende oft, dass sich der tatsächliche Status eines Menschen keineswegs immer darin widerspiegelt, wie er auf andere wirkt. So werden starke Menschen als schüchtern eingeschätzt und schüchterne als durchsetzungsstark.

Damit Sie möglichst viel über sich selbst erfahren, bitten Sie doch einmal Ihnen unbekannte Menschen, Ihnen zu sagen, was diese in Ihnen sehen. *Schreiben Sie die Antworten in Ihr Heft* und überlegen Sie, wodurch Sie den jeweiligen Eindruck hervorrufen.

> Wie jemand anders uns einschätzt,
> hängt nur von uns selbst ab.

Mit unserem Verhalten, unserer Gestik und unserer Ausstrahlung signalisieren wir bereits beim ersten Zusammentreffen, ob wir ernst zu nehmende Gegner oder aber leichte Opfer sind. Und wir hinterlassen damit einen Eindruck, der sich später nur noch sehr schwer korrigieren lässt. Menschen haben nämlich die interessante Eigenheit, immer zu sehen, was sie zu sehen erwarten. Wir rücken selbst stark abweichende Tatsachen so weit zurecht, dass sie zu unserer Erwartung passen.

In dem Film »Das Leben des Brian« der britischen Komikergruppe Monty Python wird Brian, der am selben Tag wie Jesus von Nazareth im Haus gegenüber geboren wurde, fälschlicherweise für den Messias gehalten. Als er sich eines Tages einer riesigen Menge Gläubiger gegenübersieht, ruft er den Menschen verzweifelt zu: »Ich bin nicht der Messias!« Diese fallen daraufhin auf die Knie und schreien verzückt: »Nur der echte Messias gibt nicht zu, dass er der Messias ist. Er ist der Messias!«

> Menschen halten meist
> sehr lange an einem ersten
> Eindruck fest.

Nun entsteht dieser erste Eindruck natürlich nicht zufällig. Vielmehr hat die Antwort auf die Frage, ob andere Menschen uns als stark oder schwach empfinden, wie so vieles ihren Ursprung in unserem Kopf. In einem seiner Bücher erzählt der libanesische Autor Khalil Gibran folgende Geschichte: »Ein Mann sprach zu einem anderen: Vor langer Zeit schrieb ich mit der Spitze meines Stabs eine Zeile in den Sand – als die Flut kam –, und die Menschen bleiben immer noch stehen, um die Worte zu lesen, und sie achten darauf, dass sie nicht verwischt werden. Und der andere Mann sprach: Auch ich schrieb eine Zeile in den Sand, doch zur Zeit der Ebbe; und eine Woge der rauen See spülte sie fort. Aber sage mir, was hast du geschrieben? Und der erste Mann antwortete, indem er sprach: Dies: ›Ich bin der, der ist.‹ Und wie lauteten deine Worte? Der andere sprach: Ich schrieb ›Ich bin nur ein Tropfen dieses weiten Ozeans.‹« Was hätten Sie in den Sand geschrieben? *Notieren Sie es bitte in Ihr Heft.*

> Siegen wie ein Shaolin bedeutet zu verstehen, dass nicht die vorhandene Kraft zählt, sondern jene, die wir ausstrahlen.

Oft habe ich bei meinen Reisen durch Ostasien bemerkt, dass die Menschen mir an manchen Tagen mit auffallend großem Respekt begegnet sind. Selbst dort, wo ich nicht der einzige Ausländer war, hatte ich dann immer das Gefühl, eine Sonderbehandlung zu erfahren. Man ließ mir den Vortritt, bot mir einen Sitzplatz an und war auch sonst speziell freundlich zu mir. Anfangs schob ich dieses Verhalten auf mein freundliches Lächeln. Da ich dieses aber jeden Tag hatte, konnte es nicht der Grund sein. Eines Tages kam ein junges Pärchen schüchtern auf mich zu und verbeugte sich vor mir. Ehe ich verstanden hatte, worum es ging, rieb zuerst sie und dann er mit der Handfläche über meinen Bauch. Eine Geste, die Buddhastatuen und buddhistischen Mönchen vorbehalten ist. In diesem Moment blickte ich an mir herunter und verstand. Sowohl die Ursache für die besondere Freundlichkeit als auch den Grund, warum mir diese nur an manchen Tagen zuteilwurde. Zusätzlich zu meiner Glatze trug ich ein oranges Oberteil, was mich in den Augen der Menschen ganz klar als Mitglied eines buddhistischen Ordens auswies. Auf der anderen Seite erinnere ich mich aber durchaus auch, manchen Auseinandersetzungen mit Asiaten aus dem Weg gegangen zu sein, weil ich sicher war, dass deren Kenntnisse im Bereich des Nahkampfes immer noch besser wären als die meinigen. Auch hier war es aber vor allem das selbstbewusste Auftreten des Gegenübers, das mich zu dieser Überzeugung gebracht hat.

Unglücklicherweise funktioniert diese Technik auch umgekehrt. Öfter als wir es wahrhaben wollen, richten wir nämlich unsere eigene Kraft gegen uns. Dadurch machen wir uns vor uns selbst kleiner, als die anderen uns sehen, und verschenken damit wertvolles Potenzial.

An mir selbst konnte ich dieses Verhalten beobachten, als ich vor einigen Jahren einen Fotoclub leitete. Eines Tages erzählte mir eine Teilnehmerin, dass sie gerade ihre Gesellenprüfung zur Fotografin bestanden hatte. Als ich ihr dazu gratulierte, sah sie mich sehr respektvoll an und meinte: »Danke. Aber du bist ja Meister, nicht wahr?«

Da mir meine Meisterprüfung nie wirklich wichtig gewesen war, antwortete ich damals nur: »Das bin ich. Aber ich fotografiere nicht anders, als ich es früher als Geselle getan habe.« Heute weiß ich, dass ich damals einen Fehler gemacht habe, weil ich einem Menschen die Möglichkeit genommen habe, zu mir aufzuschauen. Dadurch, dass ich mich selbst abgewertet habe, habe ich auch meinem Glückwunsch an die junge Kollegin sehr viel von seinem Wert genommen.

Daher lehrt man in Shaolin:

> Ein guter Kämpfer muss sich immer seiner Wirkung auf andere bewusst sein.

Dies tut er, indem er seine Fähigkeiten kennt und annimmt. Wer an der eigenen Stärke zweifelt, beginnt sich über Äußerlichkeiten zu definieren und macht sich damit angreifbar.

Wie sehr diese Selbstzweifel von einem Angreifer gegen uns genutzt werden können, zeigt der Umstand, dass es für junge Menschen heute fast unmöglich ist, ohne ein Konto bei einem »sozialen Netzwerk« auszukommen. Nun verbirgt sich hinter diesen Websites in Wahrheit natürlich nichts Soziales, sondern das genaue Gegenteil. Tatsächlich versucht auf diesen digitalen Portalen jeder, so gut wie möglich dazustehen. Nur dadurch kann man andere dazu bringen, einem zu »folgen«, was wiederum die Anzahl der virtuellen »Freunde« erhöht. Diese Zahl der Follower und Freunde ist gerade für junge Menschen mittlerweile zu einem der wichtigsten Indikatoren für die eigene Beliebtheit geworden. Wer keine digitalen Freunde hat, so die mittlerweile weitverbreitete Meinung, der ist auch im echten Leben nichts wert. Andernfalls würden sich ja mehr Menschen für den Betreffenden interessieren.

Dass nun gerade Kinder und Jugendliche unter diesem Druck mehr Persönliches von sich preisgeben, als sie sollten, ist weniger ein unangenehmer Nebeneffekt als vielmehr die wahre Absicht der Portalbetreiber. Deren Ziel ist es schließlich, die ahnungslosen Benutzer möglichst umfassend auszuspionieren. So landen Bewegungsprofile genauso unkontrolliert auf fremden Servern wie Informationen über die politische oder sexuelle Orientierung, die nur darauf warten, eines Tages missbräuchlich gegen die Opfer verwendet zu werden.

Doch auch Erwachsene sind keineswegs davor gefeit, mit Äußerlichkeiten von mangelndem Selbstvertrauen abzulenken. Ein Umstand, der ganze Industrien am Leben erhält. Wie viele Bereiche unseres Lebens dies betrifft, wurde mir im Gespräch mit einem Bekannten klar, der Vortragsredner werden wollte. Als ich ihm erzählte, dass ich manches Mal durchaus auch in Sakko und Jeans auftrete, entgegnete er, dass so etwas für ihn unvorstellbar wäre. Wo bliebe denn seine Wirkung, wenn er ohne seinen Anzug vor den Menschen stünde? Mich überzeugt diese Schlussfolgerung nicht:

> Wer besondere Kleidung braucht,
> um andere zu beeindrucken,
> hat offensichtlich nichts zu sagen.

Wer aber etwas zu sagen hat, der kann auch in der Badehose auf der Bühne stehen, und das Publikum wird ihm zuhören.

Bis heute sehe ich jenen Redner-Kollegen vor mir, der bei einer Veranstaltung vor mit Anzügen bekleideten Top-Managern in Jeans und T-Shirt vor die Zuhörer trat. Dennoch war ich wohl der Einzige, der sich darüber überhaupt Gedanken gemacht hat. Das Auftreten des Kollegen war nämlich so selbstsicher und frei von jeder Angst vor Kritik, dass jeder der anderen im Raum seinen durchaus provokanten Kleidungsstil als selbstverständlich akzeptiert hatte.

Schreiben Sie bitte die letzten fünf Gelegenheiten in Ihr Heft, bei denen Sie versucht haben, innere Unzulänglichkeiten durch ein übertriebenes Äußeres auszugleichen. Unterstreichen Sie danach jene Fälle, bei denen Sie damit langfristig Erfolg hatten. Wer mit Äußerlichkeiten von innerer Unsicherheit ablenken will, der fliegt auf die Dauer auf.

Umgekehrt muss ein kampfloser Sieger aber über das Selbstvertrauen verfügen, sich die eigenen Fähigkeiten nicht selbst kleinzureden. Viel zu sehr hängt unsere Ausstrahlung von dem ab, was wir selbst in uns sehen. In den meisten Fällen reicht es daher nicht, dass wir uns innerlich stark fühlen.

Kein Gegner macht sich schließlich die Mühe zu erfahren, wie es in uns aussieht. Auch wir sehen bei den anderen nur jene Stärke, die im Äußeren ihren Ausdruck findet und damit offensichtlich ist.

> Selbst der innerlich stärkste Kämpfer wird die wenigsten Angriffe vermeiden können, wenn er durch sein Auftreten als schwach empfunden wird.

Doch nicht immer nehmen nur andere Menschen uns als schwach war. Viel öfter sind wir es tatsächlich.

> Sehr häufig schwächen wir unser Selbstvertrauen durch falsche Gedanken und falsche Einstellungen.

Unser Selbstvertrauen, so hat es die Natur festgelegt, braucht Bestätigung, damit es wachsen kann. Nur so kann sichergestellt werden, dass wir uns nicht etwas einprägen, das am Ende gar nicht funktioniert. Wenn Sie eine Fremdsprache lernen, sich aber nirgendwo verständlich machen können, weil Ihre Aussprache komplett falsch ist, so werden Sie wohl bald Ihre Lernmethode überdenken.

Unglücklicherweise können aber Misserfolge unser Vertrauen in uns selbst recht schnell zerstören. Deshalb will der Umgang mit jenen Dingen gelernt sein, die nicht funktionieren wie gewünscht. Diese haben aber keineswegs ihre Ursache immer in echter Unfähigkeit. Viel öfter liegt auch hier der tatsächliche Grund für das Misslingen allein in unserem Kopf.

Das beginnt bereits damit, dass die Mühe, die wir in eine Sache investieren, immer davon abhängt, wie sehr wir an ein Gelingen glauben.

> Sind wir überzeugt, dass etwas ein Erfolg wird, so tun wir alles dafür, dass dieser auch eintritt.

Glauben wir aber an ein Scheitern, so verfahren wir dummerweise genauso. Der Großindustrielle Henry Ford hat einmal gesagt: »Ganz gleich, ob Sie denken, dass Sie etwas können oder dass Sie es nicht können, Sie haben recht.« Hinzu kommt nun, dass unsere Energie immer unserer wahren Absicht folgt. Auch wenn wir uns das nicht immer eingestehen, ist diese häufig nicht identisch mit dem, was wir vor uns selbst als unser Ziel ausgeben.

Sie können sich das vorstellen, als hätten Sie mit viel Mühe ein Buch geschrieben. Monatelang haben Sie Konzepte erstellt, an Texten gefeilt und Korrekturen durchgeführt. Kurz, Sie haben das wunderbare Gefühl, alles getan zu haben, damit das Produkt Erfolg hat.

Haben Sie nun die Möglichkeit, Ihr Werk im Rahmen einer Lesung vielen potenziellen Käufern vorzustellen, dann werden Sie auch Ihre ganze Energie darauf verwenden, das Buch so gut wie möglich anzupreisen. Möge doch jeder wissen, was Ihnen hier gelungen ist! Mit dem erfreulichen Ergebnis, dass auch viele Menschen nach dem Vortrag Ihr Werk zur Kasse und dann nach Hause tragen werden. Wie verhielte es sich aber, wären Sie der Meinung, dass Ihnen das Buch trotz all der aufgewendeten Mühe einfach nicht gelungen sei? Das Thema scheint nicht zur Zielgruppe zu passen, Sie empfinden Ihre Sprache als holprig, und überhaupt sind Sie mit dem Ergebnis nicht wirklich glücklich. Werden Sie auch jetzt bei der Lesung all Ihre Energie darauf verwenden, das Buch und sich selbst in bestem Licht erscheinen zu lassen? Oder halten Sie sich diesmal mit lobenden Worten lieber zurück, um nicht nachher auch noch dafür Kritik einstecken zu müssen? Vordergründig versuchen Sie natürlich auf beiden Präsentationen, so viele Bücher wie möglich zu verkaufen. Wird Ihnen das aber auch gelingen? *Schreiben Sie die Antwort bitte in Ihr Heft.*

Während im ersten Fall Ihr Fokus klar darauf lag, das Buch möglichst gut zu präsentieren, hatten Sie im zweiten Fall ein ganz anderes Ziel: Sie wollten einem Angriff wegen der aus Ihrer Sicht mangelnden Qualität des Buches keine Fläche bieten. Statt also auf den Verkauf war Ihre Energie ganz klar darauf gerichtet, mögliche Kränkungen zu vermeiden. Wann immer also etwas nicht so läuft, wie Sie es sich vorstellen, denken Sie daran:

> Wir investieren unsere Energie immer in das Erreichen der tatsächlichen Ziele und nicht in jene, die wir vorgeben.

Ein konkretes Beispiel für die praktische Auswirkung dieser Denkweise habe ich vor Kurzem in Indien gesehen. Sobald dort ein Linienbus in einen Busbahnhof einfährt, wird er nach wenigen Augenblicken von lokalen Händlern gestürmt. Diese versuchen, den auf die Weiterfahrt wartenden Passagieren Speisen und Getränke zu verkaufen. Einmal beobachtete ich in so einer Situation, dass alle Kunden abwinkten und der Verkäufer unverrichteter Dinge den Bus durch den Hintereingang verließ. Ich wollte ihn gerade für seinen schwierigen Job bemitleiden, als ich ihn durch die Vordertür wieder hereinkommen sah. Als wäre er nicht gerade von allen Fahrgästen abgelehnt worden, ging er ein zweites Mal durch die Reihen und bot erneut seine Waren an. Insgeheim bewunderte ich ihn dafür, dass er sich noch einmal einer möglichen Ablehnung aussetzte, was ich selbst wohl kaum getan hätte. Doch da sah ich, dass zuerst einer und dann mehrere Passagiere begannen, nach ihrem Geld zu suchen, und dass sie sich eine Speise oder ein Getränk geben ließen. Am Ende verließ der Mann den Bus fast ohne Ware. Fast jeder, eingeschlossen ich selbst, hatte ihm etwas abgekauft. Worin lag aber am Ende das Geheimnis seines Erfolges? Die meisten von uns, so behaupte ich einmal, hätten nach der ersten, teilweise durchaus rüden Abfuhr mit eingezogenem Kopf den Bus verlassen. Schließlich würden auch nur sehr selbstbewusste Verkäufer erneut einen potenziellen Kunden anrufen, der ihnen beim ersten Anruf klipp und klar mitteilt, kein Interesse an dem angebotenen Produkt zu haben. Fast jeder richtet in so einem Fall seine Energie unbewusst darauf, jede weitere Zurückweisung zu vermeiden. Ganz anders unser Mann. Dieser verfolgte erfolgreich das klare Ziel, seine Ware zu verkaufen. Sein Selbstvertrauen gab ihm die Kraft dazu, die eigene Ware für so gut zu halten, dass die

Kunden sie letztlich auch kaufen wollten. *Notieren Sie bitte in Ihr Heft,* was Sie an der Stelle dieses Mannes getan hätten. Hätten Sie aber überhaupt wirklich anders handeln wollen, oder wäre Ihre Scham vor einer neuerlichen Zurückweisung ohnehin zu groß gewesen? *Schreiben Sie es bitte daneben.*

So lehrt man in Shaolin:

> Erst der Weg des Selbstvertrauens ermöglicht uns, unsere Ressourcen abzurufen.

Wenn wir einen Gegner fürchten, so bedeutet das, dass wir in seine Fähigkeiten mehr Vertrauen haben als in unsere eigenen. Wir glauben, anders gesagt, eher daran, dass ein anderer uns verletzen kann, als daran, dass wir es wirksam verhindern könnten. In Sunzis »Kunst des Krieges« heißt es dazu: »Was den Gegner dazu bewegt, sich zu nähern, ist die Aussicht auf Vorteil. Was den Gegner vom Kommen abhält, ist die Aussicht auf Schaden.« Schwächen wir uns nun durch unser mangelndes Vertrauen in uns selbst, so stärken wir damit automatisch unseren Gegner.

> Ein Mensch mit wenig Selbstvertrauen ist schon deshalb ein leichtes Opfer, weil er selbst sich zu einem macht.

Dadurch werden gerade jene Angriffe besonders wirkungsvoll, die genau an diesem Punkt angreifen. Doch kein

»Du kannst ja nichts!« oder »Du bist ein Nichts und Niemand!« hat die Chance, uns zu verletzen, wenn wir selbst nicht daran glauben. Solange es jedoch tief in uns die Angst zum Schwingen bringt, dass der Angreifer recht haben könnte, wird unser Gegner siegen.

In Shaolin habe ich gelernt:

> Alle Kraft kommt von innen.

Das betrifft jene Kraft, mit der wir uns auf Geheiß unserer Gegner selbst zerstören, genauso wie jene, die uns jeden Angriff furchtlos abschmettern lässt. Wer auf sich selbst vertraut, der ruht in sich wie ein Baum, der mit der Erde verbunden ist. Sobald dessen Wurzeln tief genug sind, braucht er keinen Wind mehr zu fürchten.

Übungen

Wodurch entsteht der erste Eindruck?

_____

_____

_____

_____

Wer kann wissen, wozu Sie in der Lage sind?

_____

_____

_____

_____

Welche Ihrer Fähigkeiten würde Ihnen im Ernstfall das Überleben sichern?

_____

_____

_____

_____

Warum glauben wir viel eher an andere als an uns selbst?

___

___

___

___

Von welcher inneren Kraft sollten Sie sich dringend befreien?

___

___

___

___

Warum verdecken wir so oft unsere wahre Absicht?

___

___

___

___

Die Möglichkeit
des Sieges darf man
 nicht bei anderen suchen,
sondern muss sie
 in sich selber finden.

(Lü Bu Wei)

Epilog

Es ist leicht, zu siegen, doch schwer,
den Sieg zu bewahren.
(aus China)

An dieser Stelle findet unser gemeinsamer Weg nun ein Ende, und für mich wird es Zeit, Sie allein weitergehen zu lassen. Acht Wege haben wir nun gemeinsam beschritten, die am Ende vor allem ein Ziel hatten: innere Stärke, Durchsetzungskraft und die Fähigkeit zu erwerben, kampflos zu siegen. Ich möchte mich herzlich bedanken für Ihr Vertrauen, Ihre Zeit sowie für Ihre Bereitschaft, sich auf meine Ansichten einzulassen und diese mit mir zu diskutieren. Es war mir eine Freude, mich mit Ihnen zu unterhalten.

Siegen wie ein Shaolin beginnt dort, wo wir in jedem Moment bereit sind, auch eine bittere Wahrheit zu sehen. Es bedeutet, unsere Energie nicht zu zerstreuen, sondern sie immer im aktuellen Augenblick zu bündeln und uns dort von unserer eigenen Kraft zu befreien, wo diese gegen uns geht. Niemals, so haben Sie gelernt, dürfen andere unser Tempo bestimmen oder wir der Illusion erliegen, jemand anderer könnte für unser Handeln oder unser Leben die Verantwortung übernehmen, wenn wir selbst es nicht tun. Leisten Sie aktiven Widerstand, wo es Dinge zu verändern gilt, und gewinnen Sie das Vertrauen, dass Sie in der Lage sind, auch dem stärksten Angriff seine Kraft zu entziehen.

Ein Meister, so habe ich am Anfang dieses Buches geschrieben, beendet einen Kampf, bevor er begonnen hat. Auch wenn bis zu diesem Ziel noch ein Stück Weg vor Ihnen liegen mag, haben Sie erfolgreich einen ersten Schritt getan. Ich wünsche Ihnen alle Kraft, allen Erfolg und alle Freude dieser Welt.

Herzlich,
Ihr Bernhard Moestl
Calicut, Indien, Shaolin, China, und Brașov, Rumänien,
im Juni 2018

Danksagung

Wem ich Danke sagen möchte

Denke ich heute an den Oktober 1996 zurück, als ich vor dem Klostertor von Shaolin dem ehrwürdigen Mönch der 31. Generation, Meister Shi De Cheng, gegenüberstand, so kommen mir die Worte des Laozi in den Sinn: »Der erste Schritt ist der Beginn einer zehntausend Li langen Reise.« Eine Reise, die ihren Anfang in dem genommen hat, was ich im Laufe der Jahre von Meister Shi De Cheng, Altmeister Shi Su Yun, Meister Shi Yan Yan sowie dem Guru der indischen Kampfkunst Kalarippayattu, Sunil Kumar, gelernt habe.

Keine dieser Begegnungen hätte es gegeben ohne den Wiener Kulturmanager Herbert Fechter, der den Namen Shaolin in der ganzen Welt bekannt gemacht und mir wo immer möglich mit seinen Kontakten geholfen hat. Ihm ist dieses Buch in Respekt und Freundschaft gewidmet.

Immer habe ich es als das Privileg meines Lebens empfunden, von jenen Menschen lernen zu dürfen, die ich in dem, das sie tun, als die allerbesten empfunden habe. Neben den Mönchen von Shaolin sind das mein Verleger Hans-Peter Übleis, der mir fachlich wie menschlich ein großes Vorbild ist; meine Lektorin Caroline Draeger, die meine Konzepte und Texte immer wieder kritisch hinterfragt und sie oft selbst noch zu sehr fortgeschrittener Stunde gegengelesen hat, der Grafiker Oliver Fleischmann, von dem ich genaues Arbeiten gelernt habe, sowie mein langjähriger Mentor, der Reiseleiter Alexander Kriegelstein, der mich gelehrt hat, Menschen zu führen.

Viele wunderbare Ideen und Anregungen kamen aus Gesprächen mit der Kindergartenpädagogin Susanne Adler, mit der Lebens- und Sozialberaterin Elisabeth Bauer sowie mit Aline Kuley, die mir in unseren Diskussionen immer wieder neue Blickwinkel eröffnet hat. Danke sagen möchte ich stellvertretend für viele auch der Illustratorin Irene Nemeth, die meine Ansichten immer wieder kritisch hinterfragt hat, Sandra Kohlweg für die immer spannenden Gespräche, meiner Kollegin Marianne Mohatschek, die meinen Blick wo nötig auf das Wesentliche gelenkt hat, sowie Albert Klebel, Arnold Klingeis, Diana Kottmann, Jana Malin und Heidi Mischinger, die mich mit vielen Dankanstößen zum Nachdenken gebracht haben. Mein Dank gilt auch meinem nicht nur rotarischen Freund Andreas Schindl, der mir eine völlig neue Welt eröffnet hat, sowie meinem Seniorpartner Gerhard Conzelmann, mit dem ich die Faszination für das Thema »Bewusstsein« und die Liebe zu Shaolin teile.

Meine Bücher gäbe es auch nicht ohne den chinesischen Kulturmanager Jian Wang, der mich einmal als »Europäer mit asiatischem Geist« bezeichnet und mir den ersten Aufenthalt im Shaolin-Kloster ermöglicht hat, sowie meine erste Lektorin Bettina Huber, die das Potenzial des Themas sofort erkannt und mit mir vier tolle Bücher gemacht hat.

Ich danke meinen Eltern Christa und Wolfgang Möstl, die es mir bereits vor dreißig Jahren möglich gemacht haben, die Welt mit eigenen Augen zu sehen.

Weiters bedanken möchte ich mich bei Veronika Preisler für die liebevolle Gestaltung auch dieses Buches, beim Team des Knaur-Verlags für die tolle Hintergrundarbeit sowie bei allen Buchhändlern und Buchhändlerinnen für die oft ausnehmend schöne Präsentation meiner Bücher.

Keine Danksagung wäre vollständig ohne persönlichen Dank an meine 2012 verstorbene Großmutter Erika Möstl, die mich gelehrt hat zu verstehen, worauf es im Leben wirklich ankommt.

So bleibt mir zum Schluss, mich bei Ihnen, liebe Leserinnen und Leser, zu bedanken. Es ist mir immer wieder eine große Freude, für Sie zu schreiben!

Euch allen, die ihr es mir jeden Tag ermöglicht, mein Leben mit all seinen Ungewissheiten aufs Neue zu lieben, möchte ich ein ganz herzliches Danke sagen. Es ist schön, dass es euch gibt.

Fernöstliche Weisheit schafft Klarheit
im modernen Alltag

BERNHARD MOESTL
Denken wie ein Shaolin

Die sieben Prinzipien
emotionaler Selbstbestimmung

Gern hätten wir das Leben im Griff und sind doch beherrscht von unseren Gefühlen. Wir sind ängstlich, wo wir gerne mutig wären, beeinflusst, wo wir gerne frei wären – im beruflichen Alltag wie auch in der Familie. Doch wie löst man sich aus der Verstrickung der Gefühle? Wie reagiert man richtig auf Manipulationen?
Bestsellerautor Bernhard Moestl zeigt in sieben Schritten, wie wir unser Denken von emotionalem Druck befreien. So lernen wir auch in unserer Zeit zu siegen – mit den Mitteln der Shaolin.

»In Denken wie ein Shaolin erklärt Bernhard Moestl
den Weg zur emotionalen Selbstbestimmung
und inneren Ausgeglichenheit. Sehr anschaulich,
mit vielen Übungen für den Leser.«
Bunte Gesundheit

Acht einfache Schritte, die uns helfen,
neue Wege zu gehen.

BERNHARD MOESTL

Handeln wie ein Shaolin

Die acht Schritte zu gelungener Veränderung

Oft fühlen wir uns hilflos, wenn wir nicht weiterkommen. Neue Wege einzuschlagen und Veränderungen machen uns Angst. Gerne würden wir freier sein. Dinge anpacken. Unser Leben umgestalten – im Beruf, im Alltag und auch in der Familie. Bestsellerautor und Coach Bernhard Moestl zeigt in acht einfach nachvollziehbaren Schritten, wie wir Veränderungen nicht als Gefahr begreifen, sondern die Notwendigkeit des Wandels akzeptieren, eigene Pläne entwickeln und sie auch umsetzen können. Seine Tipps fürs Selbstcoaching zeigen den Weg aus der Komfortzone: Wenn wir den Methoden der Shaolin folgen, erkennen wir, was wir wirklich wollen, und sind in der Lage, selbständig, frei und zielführend zu handeln.

»Über 500 000 verkaufte Shaolin-Ratgeber zeigen,
dass gezieltes und sorgfältig angeleitetes Selbstcoaching hilft,
Blockaden aufzulösen und die Zukunft zu meistern.«
Wirtschaftszeit.at